AF751940

Finance islamique et tontine

Lien et complémentarité

El Hadj Thierno Nouhou Diallo

Finance islamique et tontine

Lien et complémentarité

L'Harmattan
Guinée

© L'Harmattan, 2026

http://www.editions-harmattan.fr

ISBN : 978-2-336-61124-2
EAN : 9782336611242

Dépôt légal : avril 2026

DÉDICACE

Je dédie ce livre à mes chers parents qui ont sacrifié tout ce qu'ils ont de précieux pour me rendre heureux. Ils se sont donné à cœur et ont veillé à mon éducation depuis toujours.

Je le dédie aussi à mes chères épouses et à mes enfants en compagnie desquels je continue mes activités avec joie et persévérance.

Et enfin, je dédie ce travail à tous les acteurs de la finance islamique : professeurs, spécialistes et chercheurs, pour leur contribution au développement et à l'épanouissement de notre secteur d'activité.

Priant Dieu pour que ce travail soit accepté et qu'il contribue au développement de la finance islamique en Guinée.

ABRÉVIATIONS

AAOIFI	Accounting and Auditing Organization for Islamic Financial Institutions
PSL	Paix et salut sur lui
SA	Société anonyme
ABC	Arab Banking Corporation
GIB	Gulf International Bank
IDH	Indice de développement humain
PIB	Produit intérieur brut
USD	Code du dollar américain
EUR	Code de la monnaie européenne
CFA	Sigle de franc de la Communauté financière africaine dans les pays de l'UEMOA
AVEC	Association villageoise d'épargne et crédit
CARE	ONG internationale humanitaire française
BID	Banque islamique de développement
GCC	Gulf Cooperation Council
OIC	Organization of Islamic Cooperation
IMFI	Institution de microfinance islamique
CIBAFI	General Council for Islamic Banks and Financial Institutions

INTRODUCTION

André Malraux disait : « Le XXIe siècle sera spirituel ou ne sera pas. » Selon une étude faite par l'Institut islamique de Paris, d'ici 2035 le monde musulman sera habité par plus de 2,1 milliards de personnes. Et la Banque islamique de développement (BID) a dénombré plus de 650 millions de personnes pauvres dans les pays majoritairement musulmans. Si les tendances continuent, le continent africain abritera à lui seul plus de 450 millions de jeunes qui seront peut-être sans ou avec emploi, soit dans vingt-huit ans à partir d'aujourd'hui (Nathalie Madeline, *Bâtisseurs d'Afrique*, Eyrolles, 2020).

Dans les pays en développement, la question de la finance occupe une place centrale ; souvent, nos décideurs politiques consacrent plus de 75 % de leur temps de travail aux questions liées au financement. Depuis la crise financière de 2008, nos marchés financiers souffrent de myopie et la crise de la COVID-19 a fragilisé notre système économique.

Les grands traités de Rio en 1992 et de Johannesburg en 2002 ont marqué l'histoire de ces quinze dernières années et ont donné naissance au fameux « Agenda 21 » ou « Action 21 », et constituent aujourd'hui la feuille de route des pays en développement. On note quelques concepts clés dans ces réflexions : le développement économique, « développement durable » bien sûr ; l'« environnement » ; la « sécurité alimentaire » ; l'« énergie » ; la « réduction de la pauvreté » ; la « dégradation ». En 1996, lors du Sommet mondial de l'alimentation, l'expression récurrente a été la « nouvelle révolution verte », qui s'est affirmée également dans la Déclaration de Rome[1]. Mais la question principale qui ressort aujourd'hui est de savoir comment financer nos économies. Existe-t-il encore une nouvelle finance ou devons-nous revenir à la source, c'est-à-dire notre finance locale comme la tontine ? Depuis la crise financière de 2008, beaucoup d'institutions nationales et internationales se sont tournées vers l'industrie de la finance islamique. Mais la finance islamique est-elle une solution aujourd'hui ?

La finance islamique ne s'adresse pas seulement aux musulmans. Plusieurs pays occidentaux s'y intéressent, pour la simple raison qu'elle exprime une transparence et une régularité dans son fonctionnement.

C'est pourquoi le Royaume-Uni fait office de précurseur. La Financial Services Authority[2] a ainsi créé des normes pour ces nouveaux produits financiers et a ouvert un département spécifique dédié à la finance islamique. En 2004, l'Islamic Bank of Britain[3] a ainsi ouvert ses portes, une première en Europe occidentale.

Ainsi, c'est dans ce contexte que s'inscrit notre recherche issue d'un mémoire de master 2 en Finance islamique et audit (FIAG), qui traite une particularité des pays en développement, et se focalise sur « le cas de la République de Guinée ». En Guinée, le secteur de la finance est perçu comme une vision et une dynamique novatrices, ce qui nous pousse en toute logique à cette problématique de travail : **comment la finance islamique et les tontines peuvent-elles constituer un outil de financement pour**

---

[1] http://www.fao.org/docrep/003/w3613f/w3613F00.htm

[2] C'est une ancienne autorité britannique de régulation du secteur financier, qui a existé de 2001 à 2013 (

[3] Siège social : Birmingham, Royaume-Uni.

les petites et moyennes entreprises ? Existe-t-il un lien de causalité entre ces deux types de financements, mieux, proviennent-ils d'une même source ?

Pourquoi est-il possible de considérer la tontine et la finance islamique comme une identité territoriale ? Et quelle politique locale pour ces outils et comment peut-on moderniser notre système de finance locale ?

Pour répondre à ces interrogations, nous avons scindé notre travail en deux parties et une conclusion ; la première partie porte sur le contexte et le cadre théorique de la finance islamique et de la tontine en Guinée. Dans le premier chapitre, nous présenterons le fondement de la finance islamique, ses produits et son évolution, et dans le deuxième chapitre les tontines et leur mécanisme de fonctionnement. Dans la deuxième partie, nous ferons une étude comparative de deux modes de financement et une étude empirique du cas de Conakry, ce qui nous permettra d'avoir une vision élargie. Sur cette deuxième partie, nous allons décrire notre constat, notre analyse et nos recommandations.

Les objectifs principaux de ce travail sont de :

- Connaître le besoin ressenti de la population guinéenne en termes de financement ;
- Innover avec des modèles adaptés ;
- Proposer de nouvelles techniques de financement pour améliorer nos économies.

L'objectif spécifique de ce travail est :

- De nous faire une insertion et une carrière ;
- D'être un praticien rompu des connaissances en tontine et finance islamique.

Limitations du sujet

Ici, nous allons consacrer notre zone d'étude en Guinée et en particulier Conakry, ce choix est largement réfléchi.

Premièrement, notre activité de cambiste ne nous permet pas de faire un voyage d'études à l'intérieur du pays, sauf à des cas rares.

Deuxièmement, les cours du master ont été donnés seulement pendant les week-ends ; par manque de temps, nous étions obligés de circonscrire notre étude à Conakry.

Méthodologie de cette étude

Comme toute autre étude, nous avons choisi deux manières ; en premier lieu, nous avons élaboré une liste des documents à consulter. Ces documents comprennent des livres, des revues, des articles et des cours déjà dispensés dans le cadre du master consacré à la finance islamique. Nous avons aussi consulté des documents physiques et électroniques concernant la tontine ici et ailleurs.

En deuxième lieu, nous avons rédigé un questionnaire qui s'intéresse à l'aspect et au fonctionnement du système de tontine en Guinée. Quelques points de ce questionnaire relèvent du domaine de la finance islamique (généralement la connaissance de la finance islamique en Guinée).

PREMIÈRE PARTIE

Cadre théorique, contexte de la tontine et de la finance islamique

À l'ère du XXIe siècle, où l'innovation technologique et la finance algorithmique semblent régner en maîtres absolus, personne n'aurait pu imaginer que le monde de la finance, dans ses recherches de stabilité et d'éthique, ferait un étonnant retour aux textes les plus anciens. Ces écrits, qui datent de l'an 622, remontent au temps du prophète de l'Islam (PSL), et constituent les fondements de la finance islamique. Ce paradoxe, ce pont jeté entre la modernité la plus pointue et une sagesse millénaire, n'est pas sans rappeler la prédiction du sociologue Pierre Bourdieu : « Un livre change le fait qu'il ne change pas dans un environnement qui se modifie. »

Cette maxime prend tout son sens lorsqu'on observe la résilience et la pertinence croissante des principes de la finance islamique face aux crises financières successives qui ont secoué le capitalisme occidental. Alors que la crise des *subprimes* de 2008 a exposé les dangers de la spéculation excessive, de l'opacité des produits financiers et de l'endettement à haut risque, les modèles basés sur les principes de la Charia ont souvent fait preuve d'une robustesse remarquable.

Les principes immuables face à un environnement changeant

Ce qui rend ces textes du VIIe siècle si pertinents aujourd'hui, c'est leur insistance sur des concepts fondamentaux :

1. L'interdiction de l'usure (*Riba*)

La prohibition de l'intérêt pur (intérêt composé ou excessif) pousse le système vers un financement basé sur le partage des profits et des pertes (*Musharakah* et *Mudarabah*). Cela signifie que le financier doit partager le risque de l'entreprise qu'il finance, l'encourageant ainsi à une plus grande diligence raisonnable et à investir dans l'économie réelle plutôt que dans la pure transaction monétaire.

2. L'interdiction de la spéculation excessive (*Gharar*)

Ce principe rejette les transactions impliquant une incertitude ou une ambiguïté excessive. Il vise à éliminer les produits financiers complexes et opaques qui ont contribué à la crise de 2008, favorisant la transparence et la simplicité dans les contrats.

3. L'ancrage dans l'économie réelle

La finance islamique exige que chaque transaction financière soit adossée à un actif tangible ou à un service réel. Les fonds ne peuvent pas être générés uniquement à partir de la monnaie elle-même, empêchant ainsi la création d'une bulle spéculative déconnectée de la production de richesse réelle.

L'émergence d'une éthique financière globale

L'adoption, même partielle ou inspirée, de ces principes anciens par les institutions financières modernes n'est pas le signe d'un recul, mais plutôt d'une quête d'un système financier plus éthique, plus juste et, paradoxalement, plus durable. Les exigences de la finance verte et responsable (ESG) trouvent un écho surprenant dans la philosophie islamique, qui insiste sur l'impact sociétal des investissements.

C'est donc un véritable phénomène de résilience intellectuelle : une sagesse figée dans le temps, mais dont la pertinence se révèle être un antidote puissant aux maux de la finance contemporaine. Bourdieu avait vu juste : ce sont parfois les textes qui ne se plient pas aux caprices du temps qui finissent par remodeler l'environnement lui-même. La finance mondiale, en se penchant sur l'héritage de l'an 622, ne cherche pas seulement des règles, mais une boussole morale pour naviguer dans les eaux tumultueuses du XXIe siècle.

CHAPITRE 1

Le fondement de la finance islamique

SECTION 1. APERÇU HISTORIQUE DE LA FINANCE ISLAMIQUE

Section 1.1. Bref rappel historique

L'islam est la dernière religion abrahamique fondée sur le Coran. Cette religion est née sur la péninsule en Arabie saoudite vers 600 ans après Jésus-Christ. Le Prophète Mahomet a été révélateur de l'islam[4].

-3760	Naissance du monde calendaire pour la Bible
-1812	Abraham
-1250	Moïse
[0]	Naissance de Jésus-Christ
567-632	Vie du Prophète Mahomet
622	Hégire et début de l'Islam
657	L'islam divisé en 2 courants principaux : chiisme et sunnisme
1301	Fondation de l'Empire ottoman
1483-1546	Martin Luther et le début du protestantisme
1492	Expulsion des Arabes et des Juifs d'Espagne
1509-1564	Jean Calvin et le protestantisme
1517	Début de la réforme

[4] Aldo Lévy, 2015, p. 34.

1521	Excommunication de Luther
1536	Naissance de l'Église anglicane
1562	Guerre de religion en France
1939-1945	Seconde Guerre mondiale et la Shoah (6 000 000 de civils juifs exterminés dans le monde)
1948	Création du Conseil œcuménique des Églises
1986	Rencontres d'Assise entre les responsables des grandes religions

Le Coran et les hadiths sont les deux sources les plus importantes de l'islam, ensuite le consensus qui est un raisonnement par analogie n'est pas reconnu par les chiites et quelques écoles. L'opinion personnelle, quant à elle, doit se baser sur les principes généraux de l'islam.

Section 1.2. Le fondement de la finance islamique

L'histoire de la finance islamique remonte vers l'année 622 au temps du Prophète, mais elle a connu son évolution vers les années 1960 avec la création du premier fonds islamique malaisien pour la collecte des fonds du Hadj en 1962, nommé « Tabung Hadjji ». Les fonds de cette fondation intervenaient uniquement pour les actions halal. Ensuite, une autre banque d'épargne dont les fonds récoltés étaient destinés à financer des projets agricoles a été créée dans la petite ville de Mit Ghamr en Égypte en 1963 par Ahmed Al Najjar, qui est l'un des premiers économistes musulmans ayant pensé à mettre en œuvre l'économie et la finance islamique sur le terrain (*La finance islamique*, Geneviève Causse-Broquet, pp. 18-19).

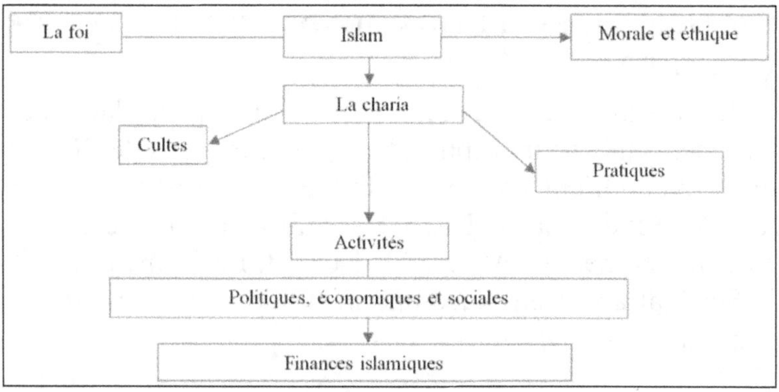

Section 1.3. La jurisprudence

La jurisprudence islamique est l'ensemble des avis juridiques émis par les théologiens musulmans et qui sont la traduction sur le plan pratique des textes religieux, qu'il s'agisse du Coran, de la Sunna (paroles du Prophète Mohamed PSL, ou actes accomplis, acceptés ou approuvés par lui[5]). L'un des fondements de la jurisprudence islamique s'est basé également sur le consensus, le raisonnement analogique, l'usage ou l'analyse des comportements des musulmans durant la vie du Prophète Mohamed (PSL). Cinq grandes catégories sont citées :

- l'obligatoire ;
- le souhaitable ;
- l'illicite ;
- le détestable ;
- le permis.

La jurisprudence islamique est proactive, c'est-à-dire qu'elle suit l'évolution de l'homme dans la société et dans le temps. Mais les écoles divergent du point de vue des sujets et de leurs analyses vis-à-vis du droit musulman.

[5] Toupictionnaire : le dictionnaire de politique.

SECTION 2. L'ÉVOLUTION MONDIALE DE LA FINANCE ISLAMIQUE

Depuis la crise financière 2008, les banques islamiques commencent à se multiplier dans plusieurs pays de l'Est et du Moyen-Orient comme la Turquie, les Émirats arabes unis, le Soudan, la Malaisie, les Philippines, le Yémen, la Jordanie et même l'Afrique de l'Ouest. Le 5 janvier 2022, le Sénégal a mis en place une institution de microfinance islamique.

Section 2.1. Part des marchés financiers islamique dans le monde

Entre 1990 et 2010, le nombre de banques islamiques a triplé. En seulement 20 ans, il est passé de 8 banques à 27 banques ; c'est le « Wall Street du Moyen-Orient ».

En termes de quantité, le nombre d'actifs financiers islamiques était de 300 à 1 100 milliards de dollars en 2011. Les institutions financières proposant les produits financiers islamiques sont au nombre de 675, dont 348 sont généralement spécialisées. Ceci étant, cette nouvelle industrie financière reste une niche très intéressante de par son taux de croissance annuel exceptionnel de 15 % à 20 %[6].

[6] M. Khalil Labniouri, « L'innovation en ingénierie financière islamique », article issu des actes du premier colloque international organisé par le Centre d'études juridiques, économiques et sociales FSJES, Souissi, 3 et 4 décembre 2012, p. 77.

Fig.2 : Actifs bancaires islamiques dans le monde

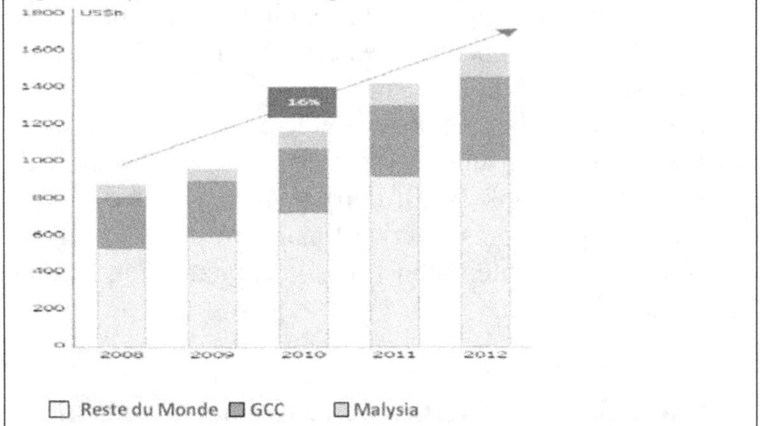

Source: Ernst &Young: World Islamic Banking Competitiveness Report 2013–14

Section 2.2. L'internationalisation de la finance islamique

La création de l'AAOIFI (Accounting and Auditing Organisation of Islamic Financial Institutions) en 1991 a été sans doute un succès sans frein pour les institutions financières islamiques. Cette organisation internationale à but non lucratif a pour mission :

1. l'élaboration et la publication des normes comptables ;
2. l'élaboration et la publication des normes d'audit ;
3. la Charia ;
4. la gouvernance et l'éthique pour les institutions financières islamiques.

Depuis sa création en 2001, l'organisation OIC (Organization of Islamic Cooperation) est affiliée au CIBAFI (General Council for Islamic Banks and Financial Institutions) qui constitue l'assemblée générale des banques islamiques créée au Bahreïn. L'OIC englobe 120 membres de 30 juridictions, représente les banques et institutions financières islamiques, défend leurs intérêts et promeut le progrès et le développement de la finance islamique dans le monde (M. Mohamed Mahfoud, mémoire, 2017, p. 15).

En Europe, l'Allemagne devient le premier à émettre des *sukuks* en 2004, ensuite l'Angleterre avec la création de l'IBB (Islamic Bank of Britain) la même année. Ainsi, d'autres banques après la crise financière de 2008, et aujourd'hui Paris, veulent constituer la capitale mondiale de la finance islamique.

Section 2.3. Les principes de la finance islamique

- **Le principe de partage de risques et profits**. C'est l'un des principes de base du fondement de la finance islamique. Quand deux personnes décident de s'unir pour créer une activité génératrice de revenus, l'une apporte le capital financier (investisseur) et l'autre apporte le savoir-faire (entrepreneur). Cette relation de mutualisation entre ces deux partenaires est liée sur une base de confiance et de rentabilité envers l'un et l'autre.
- **L'interdiction du taux d'intérêt**. Elle « consiste à recevoir une rémunération du seul fait qu'on a mis à la disposition d'un tiers une certaine somme d'argent : on est rémunéré en l'absence de tout travail productif, sans contrepartie »[7]. En droit musulman, l'intérêt ou l'usure est interdit : prêter de l'argent à son voisin et vouloir gagner une marge est interdite, c'est d'ailleurs interdit par toutes les religions abrahamiques.

[7] Guéranger, p. 34.

Il existe deux types de *Riba* :

- *Riba An-nassia'h.* C'est l'intérêt sur crédit. Le capital emprunté est rémunéré par l'emprunteur sur la durée du prêt et selon les conventions définies à l'avance. Ce qui engendre le cumul des dettes envers l'emprunteur si on ajoute des pénalités de retard plus les intérêts.
- *Riba Al-fadl.* Il s'agit de vendre ou échanger des biens monétaires ou alimentaires de même nature que ceux spécifiés par le Prophète (PBSL) avec des quantités inégales et/ou à terme. Le Prophète a dit : « De l'or contre de l'or, de l'argent contre de l'argent, du blé contre du blé, de l'orge contre de l'orge, des dattes contre des dattes, du sel contre du sel : quantité égale contre quantité égale, main à main. Celui qui donne un surplus ou prend un surplus tombe dans l'intérêt… » (Rapporté par *Muslim*, n°1584).

Interdiction des activités illicites (*Haram*)

Toutes les activités illicites appelées *Haram* dans la Charia ne peuvent pas faire l'objet d'un contrat ou d'une transaction commerciale. Ainsi, les banques islamiques ne peuvent pas investir dans certains domaines et commercialiser certains types de produits, tels que l'industrie porcine, l'industrie de l'alcool, les jeux de hasard (casinos), la pornographie, l'armement, les drogues et stupéfiants, les secteurs des banques et assurances conventionnelles, et toute activité jugée par les savants et les érudits comme contraire aux règles et éthiques de la Charia et aux bonnes mœurs. En outre, la vente *Al-Înah*[8] est interdite en Islam (M. Mohamed MAHFOUD, mémoire, 2017, p. 22).

[8] Vente *Al-Înah* (illustration) : une personne A vend un bien à une autre personne B pour 1000 comptant et l'achète sur le champ à crédit (à terme) pour 1100.

Interdiction du *Maysir* et du *Qimar* (jeu de hasard)

« Le *Maysir* et le *Qimar* correspondent à la notion de jeu. Le concept de *Maysir* va au-delà des jeux de casinos auxquels on peut penser spontanément : il recouvre tout enrichissement non justifié moralement d'une partie au détriment d'une autre. »[9]

Ainsi, les pratiques commerciales qui sont basées sur le *Maysir* (liées à un événement aléatoire) sont formellement interdites en finance islamique, telles que : les paris, la loterie, la vente de choses non encore existantes, les contrats aléatoires (*swaps*, *futures*, *options*, etc.).

Les notions de *Qimar*/*Maysir* et *Gharar* peuvent parfois se confondre dans une transaction qui comporte une grande incertitude (*Gharar*) et liée à un événement aléatoire[10] (*Maysir*).

Le *Maysir*/*Qimar* (jeu de hasard) est interdit dans le Coran : « Ô les croyants ! Le vin, le jeu de hasard, les pierres dressées, les flèches de divination ne sont qu'une abomination, œuvre du Diable. Écartez-vous-en, afin que vous réussissiez » (sourate Al-Maeda, verset 90).

SECTION 3. LES PRODUITS DE LA FINANCE ISLAMIQUE

L'inquiétude principale de tout entrepreneur ou investisseur est de savoir quels produits sont adaptés à ses besoins et dans quelles conditions il pourra les obtenir.

Section 3.1. Le financement par participation

Ce financement est la base fondamentale de la finance islamique. Ici, les banques islamiques participent au risque

---

[9] Guéranger, p. 37.

[10] *Ibid.*, p. 23.

lié aux activités, il s'agit généralement des produits *Moucharaka* et *Moudaraba*.

- La *Moucharaka* : « Tout contrat ayant pour objet la participation d'une banque participative à un projet en vue de réaliser un profit. Les parties supportent les pertes à hauteur de leur participation et partagent les profits selon un pourcentage prédéterminé. »
- La *Moudaraba* : « Tout contrat mettant en relation une ou plusieurs banques participatives (*Rab el Mal*) qui fournissent le capital en numéraire et/ou en nature et un ou plusieurs entrepreneurs (*Moudarib*) qui fournissent leur travail en vue de réaliser un projet. La responsabilité de la gestion du projet incombe entièrement au(x) entrepreneur(s). Les bénéfices réalisés sont partagés selon une répartition convenue entre les parties et les pertes sont supportées exclusivement par *Rab el Mal*, sauf en cas de négligence, de mauvaise gestion, de fraude ou de violation des stipulations au contrat par le *Moudarib*. »[11] Si le client est le pourvoyeur de fonds (*Rab el Mal*) et la banque est l'investisseur (*Moudarib*), on parle alors de « compte d'investissement » qui suit les mêmes modalités du contrat *Moudaraba* (M. Mohamed MAHFOUD, mémoire, 2017, p. 27).

Section 3.2. L'assurance *Takaful* et *Quard Hassan*

L'AAOIFI (norme n° 26) décrit *Takaful* ainsi : « L'assurance islamique est un accord entre un groupe de personnes contre des risques spécifiques imprévisibles qu'ils peuvent confronter. Cet accord, ainsi introduit, porte sur le versement des contributions à titre de donations, et conduit à la création d'un fonds d'assurance qui jouit du statut d'une entité juridique et a la responsabilité financière

[11] ALDO Lévy, *La croisée des chemins*, 2020, p. 118.

indépendante. Les ressources de ce fonds sont utilisées pour indemniser tout souscripteur contre un risque prescrit dans le contrat, conformément aux règles et procédures de la police d'assurance. »

Le *Takaful* est une assurance islamique, c'est une assurance mutuelle où le client est sociétaire. Le participant est obligé d'aider le groupe en cas d'accident ou besoin, par exemple le sinistre, le décès, les accidents ou les pertes agricoles. Le mécanisme de ce type de financement, c'est l'entraide entre les participants, ensuite pour éviter l'intérêt, les primes restantes après l'utilisation sont réinvesties. L'assurance *Takaful* est la forme de financement la plus proche des tontines, cette forme d'aide était répandue partout dans le monde avec une solidarité philanthropique.

Quard Hassan ou prêt d'honneur : c'est un financement de bienfaisance (gracieux), qui consiste à financer une activité sans intérêt. Il s'agit d'un financement pour corriger le déficit budgétaire généralement à court terme et la plupart des bénéficiaires de *Quard Hassan* sont des femmes veuves qui vivent dans l'extrême pauvreté (décès, éducation d'un enfant, etc.). Ce prêt unique en finance islamique est remboursé sans intérêt ni marge.

Section 3.3. Le financement par la dette

Tout comme les autres produits de la finance islamique, le financement par la dette est couramment utilisé : généralement concernant les activités commerciales et le crédit-bail.

Mourabaha : « Tout contrat par lequel une banque participative vend à son client un bien meuble ou immeuble déterminé et propriété de cette banque à son coût d'acquisition, augmenté d'une marge bénéficiaire, convenus d'avance. Le paiement par le client au titre de cette opération est effectué selon les modalités convenues entre les deux parties. »

Ijara : « Tout contrat selon lequel une banque participative met à titre locatif un bien meuble ou immeuble déterminé et propriété de cette banque, à la disposition d'une banque pour un usage autorisé par la loi. L'*Ijara* prend l'une des deux formes suivantes : *Ijara tachghilia*, lorsqu'il s'agit d'une location simple. *Ijara mountahia bi-tamlik*, lorsqu'au terme de la location, la propriété du bien meuble ou immeuble loué est transférée au client selon les modalités convenues entre les parties. »

Salam : « Tout contrat en vertu duquel l'une des deux parties, banque participative ou client, verse d'avance le prix intégral d'une marchandise dont les caractéristiques sont définies au contrat, à l'autre partie qui s'engage à livrer une quantité déterminée de ladite marchandise dans un délai convenu. »

Istisna'a : « Tout contrat d'acquisition de choses nécessitant une fabrication ou une transformation en vertu duquel l'une des deux parties, banque participative ou client, s'engage à livrer la chose, avec des caractéristiques définies et convenues, fabriquée ou transformée, à partir des matières dont il est propriétaire, en contrepartie d'un prix fixe dont le paiement s'effectue par l'autre partie (*Moustasnii*) selon les modalités convenues. »[12]

Section 3.4. Le financement par titrisation

Les *sukuks* sont ni actions, ni obligations, ce sont des capitaux hybrides et généralement quasi-fonds propres, car ils représentent des fonds propres en finance islamique. Selon l'AAOIFI : « Les certificats de *sukuks* sont des titres représentant un droit de jouissance indivis de chaque porteur sur des actifs éligibles acquis ou devant être acquis, ou des investissements réalisés ou devant être réalisés par l'émetteur de ces titres. Les caractéristiques techniques des

[12] ALDO Lévy, la croisée des chemins, 2020, P.126

certificats de *sukuks* destinés à être placés auprès d'investisseurs résidents ainsi que les modalités de leur émission sont fixées par voie réglementaire après avis du Comité Charia pour la finance prévue à l'article 7-2 ci-dessous.

Toute émission de certificats de *sukuks* destinés à être placés auprès d'investisseurs résidents est conditionnée par l'obtention d'une attestation de conformité aux prescriptions de la Charia, auprès du Comité Charia pour la finance. »

Les avantages des *sukuks* sont entre autres :

- Production de revenus, soit par titrisation (actifs immobiliers), soit par location (crédit-bail) ;
- Financement d'un actif tangible (cotés ou non) ;
- L'actif est divisé à parts égales ;
- Les *sukuks* ont le même terme que le projet financé.

Généralement, il existe plusieurs types de *sukuks* (*Ijara*, *Mourabaha*, *Salam*, *Moucharaka*, *Istisna*, *Moudaraba*). Selon la banque islamique de développement en 2015, l'Afrique du Sud a émis 50 millions de dollars de *sukuks*.

Section 4. Le Sharia Board

Chaque banque islamique a en général un comité de Sharia Board, ce comité est chargé au contrôle et audit de toutes les activités de la banque, il joue le rôle de suivi et de surveillance. Ses missions sont entre autres :

Section 4.1. Rôles

Le Sharia Board est une entité indépendante de conseillers spécialisés dans la jurisprudence islamique chargée de passer en revue et de superviser les activités de la banque islamique pour assurer leur conformité avec les principes de la Charia (Charpa et Khan, 2001).

Son rôle est de veiller à la conformité chariatique des transactions et produits bancaires au sein des banques islamiques. Cependant, il existe un certain niveau de contrôle dans le comité de Sharia Board :

- Contrôle préventif ;
- Contrôle correctif ;
- Contrôle détectif.

Ces trois comités élaborent un manuel de procédures pour le fonctionnement de l'institution. Ces règles et procédures sont rassemblées et officialisées par l'AAOIFI dans ses normes d'audit et de gouvernance (normes de l'AAOIFI).

Le contrôle préventif est chargé de trois volets :

- Le premier volet est de donner l'avis juridique sur des produits ou questions sur le système bancaire islamique ;
- Le deuxième volet concerne la validation par le Comité Charia des contrats régissant les nouveaux produits émis par l'institution financière islamique. Cette validation vaut gage de conformité et constitue un label de qualité pour les banques islamiques.
- Le troisième volet est d'ordre détectif. C'est une forme de mission qui est organisée aux niveaux interne et externe et concerne l'exercice d'une opération donnée. C'est le contrôle le plus important, car il donne lieu à un rapport final d'audit qui est rédigé par toutes les instances de conformité. Ce rapport fait l'objet d'une publication avec le rapport financier annuel de l'institution.

Section 4.2. L'organisation du Sharia Board

En général, il existe trois types d'organisation des Sharias Boards :

– Sharia Board central : instance suprême rattachée à la Banque centrale ou à l'État (cas de la Malaisie) ;
– Sharia Board rattaché à l'Assemblée générale de la banque ;
– Sharia Board rattaché au conseil d'administration de la banque (l'AAOIFI).

Le premier type d'organisation « Sharia Board central » est le meilleur modèle puisqu'il permet une certaine harmonie des avis juridiques (*fatwas*) et évite les divergences des approches. Ce choix de modèle adopté par le Maroc dans son instance suprême (Conseil supérieur des Oulémas) a fait l'éloge de plusieurs experts dont la Banque centrale de la Malaisie (article « Repenser le contrôle chariatique des opérations bancaires et financières islamiques », Anfel Boudjelal, Université de Strasbourg, *Cahiers de la finance islamique* n°7/2014, p. 41).

Le deuxième type de Sharia Board est celui rattaché à l'assemblée générale de la banque, il est moins performant que le premier type à cause des divergences de *fatwas* qui peuvent émaner d'autres comités Charia, ce qui créera une certaine concurrence sur les avis juridiques les moins bons (loi de Gresham)[13]. Les clients se dirigeront, ainsi, vers la banque qui autorise le plus d'opérations bancaires. Il est, cependant, le modèle conseillé par l'AAOIFI, du fait que dans les pays ayant plusieurs banques islamiques, un seul Comité Charia central ne pourra contenir le nombre élevé de requêtes émises par ces banques.

Le troisième type de Sharia Board est le moins conseillé, c'est celui rattaché au conseil d'administration. Ce modèle

---

[13] La loi de Gresham constate que « la mauvaise monnaie chasse la bonne ». En effet, lorsque deux monnaies se trouvent simultanément en circulation avec un taux de change légal fixe, les agents économiques préfèrent conserver, thésauriser la « bonne » monnaie, et par contre utilisent pour payer leurs échanges la « mauvaise » dans le but de s'en défaire au plus vite.

n'est pas épargné des inconvénients du deuxième modèle ci-dessus, en y ajoutant le risque d'indépendance des jurisconsultes puisque leur rémunération est assurée par les administrateurs. Bien que ce dernier modèle soit utilisé en Malaisie, les jurisconsultes sont désignés et révoqués par la Banque centrale.

Les Comités Charia sont formés de docteurs en religion islamique (*Shari'a scholars*) qui ont tous une compétence avancée en matière de droit commercial islamique, en domaine bancaire et financier (« CIFIE Sharia Board Métropolitain », Causse-Broquet, p. 125).

CHAPITRE II

Les tontines

Introduction

La création de la richesse et de la valeur ajoutée sont des conditions premières pour le développement d'une nation, d'une région ou d'une localité. Or, pour créer de la richesse et de la valeur, il faut disposer de fonds pour exercer une activité. Pourtant, la difficulté d'accès au crédit et certains services financiers offerts par les structures financières formelles constituent un frein au développement et à l'épanouissement. Bien que les taux d'intérêts des institutions financières soient raisonnables, l'accès au crédit demande de remplir un certain nombre de conditions, parmi lesquelles nous avons les garanties, exercer une activité rémunératrice. C'est pourquoi des techniques de mobilisation de fonds, afin de les transformer en crédit ou épargne sans passer par une réglementation étatique ou un intermédiaire financier, ont été utilisées pour résoudre le problème.

SECTION 1. L' ÉCONOMIE INFORMELLE

Ainsi, l'épargne devient difficile à mobiliser par le secteur financier officiel. Certains déclaraient qu'il n'y avait pas d'épargne dans ces pays du fait qu'elle n'était pas déposée dans les banques. Mais cette hypothèse n'est plus valable, car on sait aujourd'hui que les populations des pays en développement peuvent bien épargner. Depuis plusieurs années maintenant, nombreux sont les économistes à plaider en faveur de la promotion de l'épargne des ménages dans les pays en développement. En effet, une épargne abondante et régulière permet à un pays de parvenir à une croissance équilibrée.

Même si la capacité d'épargner des populations de ces pays est importante, l'on se demande toujours comment trouver les moyens d'utiliser cette épargne au développement du pays, malgré la présence des banques commerciales dites encore banques de dépôts, des caisses d'épargne, des coopératives de crédit, etc. En effet, le système bancaire dans son ensemble a largement failli dans la tâche qui était la sienne : mobiliser l'épargne nationale. Or, si les paysans, les ouvriers de la ville, les fonctionnaires, les commerçants... tous capables de ne pas dépenser chaque jour ce qu'ils gagnent, ne vont pas déposer d'argent dans les institutions modernes créées pour cela, c'est qu'ils l'utilisent pour d'autre fins.

Les travaux de ces dernières années ont montré que les banques n'ont pas cherché à s'adapter à la population. En fait, les populations s'organisent entre elles pour faire face collectivement à leurs besoins, pour se prêter mutuellement au sein des associations qu'elles constituent elles-mêmes.

De même, les travaux ont révélé que l'épargne de ces pays était essentiellement informelle, elle circule au sein des « **tontines** », encore appelées « **associations rotatives d'épargne et de crédit** », où l'argent est mis à la disposition des uns et des autres.

Ces tontines étaient pratiquées depuis des décennies et ont pris une importance considérable depuis quelques années, bien qu'il y ait des origines lointaines. On parle désormais de finance informelle, par analogie avec l'économie informelle. On assiste donc à un système parfaitement organisé. Plusieurs définitions ont été utilisées, mais nous allons en retenir deux.

« Il peut s'agir d'un ensemble d'activités financières qui se réalisent en marge de toute législation pénale, sociale et fiscale ou qui échappent à la comptabilité nationale ; mais il renvoie aussi à un ensemble d'activités financières qui échappent à la politique économique et financière et donc à toute régulation de l'État. »

Michel Lelart (1990, p. 50) donne la définition suivante. Ce sont « des mécanismes originaux qui permettent en effet de faire circuler la monnaie en contrepartie d'une accumulation temporaire des créances et des dettes. Ainsi, la finance informelle englobe tout mécanisme non officiel qui permet de faire circuler temporairement des créances et des dettes. » Elle regroupe donc l'ensemble des transactions effectuées, en marge des règles établies, par des intermédiaires non agrées et/ou non enregistrés. Puisque ces activités répondent aux besoins des populations, elles ne sont pas considérées comme illégales.

Il est aujourd'hui de plus en plus évident que le rôle des institutions financières informelles dans la mobilisation de l'épargne intérieure est plus important que nombreux pensaient. On peut expliquer la place importante des institutions financières informelles dans les pays en développement du fait de quelques caractéristiques particulières qui les différencient des institutions financières formelles.

Tout d'abord, ces institutions ne sont pas assujetties aux règlementations sur les taux d'intérêt, aux directives d'encadrement du crédit ou à l'obligation de maintenir des ratios de liquidités spécifiques. Ensuite, leurs coûts en ce qui concerne les opérations de prêts et d'acceptation de dépôts tendent à être plus bas que ceux des institutions financières modernes du secteur formel. Elles répondent également à des besoins financiers qui ne sont pas satisfaits de façon convenable par les institutions financières modernes. Enfin, ces institutions adoptent des règles et règlements, directement issus de la culture et des mœurs du pays. Nous allons ici développer ces caractéristiques après avoir vu quels sont les principaux intervenants du secteur financier informel. Nous nous attarderons ensuite à définir les avantages, mais également les limites de cette finance informelle.

Section 1.1. Les avantages de la finance informelle

La finance informelle est présente un peu partout dans le monde du fait qu'elle résout des problèmes que la finance formelle est dans l'incapacité de résoudre. Nous avons six raisons (Dale W. Adams, 1994, p. 31).

Type de service rendu

Ceux-ci sont extrêmement variés et montrent donc que même les populations des pays à bas revenus sont demandeurs d'un certain nombre de services financiers. Ils sont très différents de ceux des programmes traditionnels de crédit. En effet, les dépôts et les prêts sont des petits montants de très courte durée. Ils constituent la majorité des transactions financières informelles. Ces différents services sont rarement offerts aux pauvres. On peut dès lors en déduire que bon nombre de ces programmes traditionnels de crédit offrent des services financiers inadéquats.

Section 1.2. Un système fondé sur la discipline

La finance informelle requiert de la part de ses participants un comportement très sérieux.

Les prêteurs informels doivent se doter d'une discipline financière pour épargner les fonds qu'ils prêteront. Ils doivent également faire preuve de plus de discipline pour réunir les informations suffisantes sur leurs emprunteurs potentiels afin de prêter cet argent sur la base de la solvabilité. Ce n'est qu'après quelques années que les prêteurs informels sont capables de maîtriser ces talents nécessaires au développement de leur affaire. Étant donné que la plupart des prêteurs informels investissent des fonds propres dans leurs prêts, ils considèrent que le crédit est un privilège et non pas un droit ; et ils pensent que les activités de prêt sont une transaction sérieuse et non pas un jeu où il s'agirait d'accorder des faveurs. De leur côté, les emprunteurs informels doivent aussi faire preuve de discipline afin d'établir et d'augmenter leur solvabilité auprès des prêteurs informels ou des membres du groupe. La possibilité d'emprunt informel est un privilège qui n'est acquis bien souvent qu'après de multiples étapes, telles que : épargner avant d'emprunter, rembourser de petits prêts avant d'en recevoir de plus importants, et toujours rembourser ses dettes pour maintenir l'accès à la finance informelle. Les résultats d'une telle discipline permettent de solidifier les relations professionnelles entre prêteurs et emprunteurs, relations qui sont la base de marchés financiers stables, sûrs et durables.

Section 1.3. Mobilisation de l' épargne

L'échec de la plupart des systèmes financiers formels à produire des services de dépôts séduisants n'en est que plus grand lorsqu'on s'aperçoit des gros montants d'épargne qui font surface dans les marchés financiers informels et qui indiquent donc une forte tendance à l'épargne volontaire.

Cet échec à mobiliser formellement des dépôts s'explique par quelques facteurs : les banques rurales et les coopératives n'acceptent pas de dépôts ; la plupart des dépôts rapportent des taux d'intérêt réels négatifs ; la plupart des banques centrales offrent des facilités de réescompte trop bon marché. Les systèmes financiers formels qui devraient encourager la mobilisation de dépôts volontaires ont été conçus surtout pour distribuer des fonds bon marché, en provenance de gouvernements et de donateurs.

Section 1.4. La réciprocité

La plupart des formes de la finance informelle impliquent cette réciprocité. Cette réciprocité s'applique, d'une part, entre emprunts et dépôts, et, d'autre part, entre l'emprunteur et le prêteur sachant que ces rôles pourront être inversés dans le futur si le prêteur en a besoin. Ces réserves de crédit, non utilisées, sont tout particulièrement importantes pour les habitants des pays pauvres. Les programmes traditionnels formels de crédit offrent rarement des lignes de crédit (ou plusieurs prêts) durant une période donnée, et ils ne fournissent pas non plus de crédits d'urgence.

Section 2. Les innovations financières

La finance informelle entraîne un certain nombre d'innovations financières qui permettent de réduire les coûts de transaction, et notamment pour les déposants et emprunteurs. Il est en effet très étonnant de constater la rapidité avec laquelle la finance informelle peut innover dans le but de s'adapter à des conditions variables telles que l'inflation, la prospérité ou les problèmes économiques. Comme nous l'avons déjà fait remarquer, flexibilité et souplesse sont les deux caractéristiques majeures de la finance informelle. Même si les marchés financiers formels sont eux aussi innovants, ces innovations sont la plupart du temps mal utilisées, car elles cherchent trop à éviter les réglementations.

De plus, la finance formelle est souvent trop fragile et trop rigide pour pouvoir répondre de façon efficace à des changements économiques. Ce constat fait, on ne peut qu'encourager les dirigeants des institutions financières formelles à mieux observer les innovations et évolutions de la finance informelle, et à essayer d'en imiter certaines.

Section 2.1. Les coûts de transaction

La finance informelle permet de maintenir des coûts de transaction peu élevés pour les emprunteurs et les épargnants en apportant les services financiers aux endroits et aux moments qui conviennent à ses clients. À l'inverse, la finance formelle tend avant tout à réduire les coûts de transaction de l'intermédiaire financier et se préoccupe peu des conséquences pour les déposants et les emprunteurs. Il est en effet assez rare que les clients des intermédiaires financiers formels puissent venir faire leurs dépôts et aller chercher leurs emprunts à des heures qui leur conviennent. On peut également remarquer que les intermédiaires formels cherchent avant tout à cultiver leurs relations avec les sources de fonds importantes, c'est-à-dire avec les agents gouvernementaux, les employés des banques centrales et les employés des organismes donateurs, et que par contre, les emprunteurs et déposants de petites sommes sont bien souvent traités avec dédain. À l'inverse, les intermédiaires informels se préoccupent presque toujours uniquement de maintenir des relations de qualité avec leurs emprunteurs et déposants.

Section 2.2. Les limites de la finance informelle

De nombreux points positifs caractérisent le secteur financier non officiel. Cependant, il ne faut pas croire que celui-ci est sans limites. On distingue en général trois problèmes auxquels se heurte le secteur financier informel.

- **Absence de réelle intermédiation financière dans le secteur financier informel.** On ne peut en effet comparer le secteur financier informel aux banques dans ce domaine. Il semble que les organisations informelles ne soient pas en mesure de remplir en même temps les deux fonctions qui caractérisent un intermédiaire financier, c'est-à-dire collecter des ressources courtes et transformer celles-ci en emplois longs pour financer les besoins de financement. En effet, si le secteur financier informel semble pouvoir acquérir de l'information sur les emprunteurs à moindres coûts et maintenir la confiance des déposants, principalement pour les zones rurales, il ne semble pas pouvoir supporter le coût lié à la défaillance éventuelle des emprunteurs (bien que ceci arrive rarement du fait de la pression sociale exercée par le groupe). Ainsi, les prêts accordés dans le secteur informel seront surtout des prêts à court-terme limitant ce risque de défaillance de l'emprunteur. Cependant, de nombreux auteurs insistent sur la complémentarité existante entre finance informelle et finance formelle. Le secteur formel serait spécialisé dans les prêts de montants importants dans les zones urbaines, et le secteur informel serait spécialisé dans les prêts de plus petits montants, principalement en zones rurales.

- **La finance informelle ne finance que très peu l'acquisition de biens d'investissement.** Le fait que les prêts fournis dans le secteur financier informel soient de courte durée et souvent de faible montant interdit des opérations de long-terme. Cependant, certaines tontines dans certains pays (en particulier asiatiques) encouragent les comportements financiers de long-terme de leurs membres.
- **Le caractère usuraire des taux d'intérêt pratiqués.** Le fort taux d'intérêt pratiqué dans le secteur financier informel proviendrait du fait que le risque pris par les prêteurs est plus élevé par rapport au risque pris dans le secteur formel. Il pourrait également venir du fait d'une disponibilité quasi-immé-

diate des fonds dans le secteur informel. Mais d'autres facteurs semblent pouvoir expliquer le phénomène (mobilité géographique des emprunteurs et des prêteurs, répression financière, renforcement de la concurrence de la part des institutions informelles, etc.).

Section 2.3. Conclusions sur la finance informelle

C'est la souplesse qui caractérise la finance informelle. Les coûts de transaction du secteur informel sont généralement peu élevés, et l'accès aux financements informels est relativement facile en comparaison avec le secteur formel. La souplesse des conditions et des opérations de crédit qui permet d'adapter les services financiers à des besoins spécifiques, la rapidité de traitement des demandes de prêts et, surtout, la volonté de traiter les petites sommes qui correspondent aux besoins et à la capacité de la majorité de la population font que les mécanismes informels sont mieux adaptés que les mécanismes formels aux besoins du milieu rural ou urbain dans lequel ils opèrent. Ceci explique aussi en partie que le crédit informel soit plus répandu que le crédit formel malgré son coût plus élevé.

La finance informelle, par le dynamisme qui la caractérise, est le point de départ qui permettra bien des mutations dans les pays en développement. Les dynamiques les plus fortes viendront des tontines qui, comme nous allons le voir dans la suite, est certainement la forme la plus évoluée, mais aussi la plus aboutie de la finance informelle. L'étude détaillée de ces tontines va nous montrer l'ampleur de ce phénomène et pourquoi il correspond bien aux mentalités des populations des pays en développement.

SECTION 3. LES TONTINES

La tontine est une pratique très ancienne qui a existé partout dans le monde. C'est une autre stratégie de mobilisation de l'épargne, qui est une préoccupation majeure des États, des institutions internationales, des banques, etc. Elle fait partie du système financier informel qui consolide l'entraide sociale.

De l'Asie à Afrique, en passant par l'Europe et l'Amérique latine, elle a joué, et joue un rôle important au sein des sociétés qui n'ont pas accès aux services financiers des institutions financières formelles. La connaissance, la confiance, la cohabitation, l'appartenance ethnique, etc., constituent des facteurs clés pour appartenir à une même tontine. Des agriculteurs, des commerçants, des fonctionnaires, des ouvriers, des artisans s'organisent souvent en groupe pour affecter une partie de leurs revenus en épargne collective au profit d'un seul, et ce, à tour de rôle jusqu'à que chacun arrive à percevoir la somme mobilisée dans la période. Ce montant permettra de réaliser un financement pour les membres de groupes. Les tontines ne sont pas que monétaires, elles peuvent aussi être appliquées dans les travaux.

Exemple : en milieu rural, les travaux champêtres, la réfection de la case ou de la maison de l'un des leurs.

Beaucoup de pays en développement ont négligé et minimisé vers les années 1970 la capacité de mobilisation des ressources internes suite à des assistances financières externes reçues des institutions financières internationales et l'augmentation des revenus pétroliers.

L'échec des banques agricoles et d'investissements, la lourdeur des procédures et les conditions d'obtention des crédits ont favorisé l'organisation des populations en associations pour s'entraider. Comme en microfinance, le pourcentage des femmes domine dans cette forme d'épargne.

Ce phénomène tontinier a pris une importance considérable depuis quelques années, bien qu'il y ait des origines lointaines. On parle désormais de finance informelle, par analogie avec l'économie informelle. On se trouve ici en présence d'un véritable système, parfaitement organisé. Même si ces pratiques sont beaucoup plus dominantes en Afrique et en Asie, il faut rappeler qu'elles existent partout dans le monde aujourd'hui, même si elles prennent des appellations différentes. On parle même de tontines en ligne grâce au développement des nouvelles technologies de l'information.

Dans la suite des travaux, nous allons définir la tontine, énumérer les différents types de tontines, parler de ses acteurs, de son importance, des risques et des limites. Ensuite, nous parlerons de la tontine en Asie puis en Afrique.

Section 3.1. Définition

La tontine est une association de personnes qui, unies par des liens familiaux, d'amitié, de profession, de clan ou de région, se retrouvent à des périodes d'intervalles plus ou moins variables afin de mettre en commun leurs épargnes en vue de solutionner des problèmes particuliers ou collectifs.

Une autre définition identique est donnée par BOUMAN (1977) qui explique que « les tontines sont des associations regroupant des membres d'un clan, d'une famille, des voisins ou des particuliers, qui décident de mettre en commun des biens ou des services au bénéfice de tout un chacun et cela à tour de rôle ».

La forme la plus élémentaire de la tontine consiste en une formule mixte d'épargne et de crédit qui fonctionne comme suit. Les participants versent régulièrement des cotisations de montant fixe à un fonds commun qui est distribué tour à tour à chacun des membres, désigné en général par tirage au sort. Quand chaque membre a reçu le fonds une fois, le cycle doit normalement recommencer. Il faut noter que le premier membre à recevoir le fonds bénéficie d'un prêt sans intérêt, tandis que le dernier à le recevoir épargne tout au long du cycle sans être rémunéré (voire même un taux d'intérêt négatif si l'inflation est forte) pour toucher à la fin le même montant qu'il aurait accumulé en épargnant régulièrement à titre individuel. Les autres membres se trouvent, selon leur rang d'accès au fonds, en position de débiteur ou de créditeur : leur participation leur permet néanmoins de bénéficier de la somme totale plutôt que s'ils avaient épargné par eux-mêmes.

Section 3.2. Origine des tontines

Les tontines existaient bien avant l'introduction de la monnaie dans l'économie. Elles plongent leurs racines dans l'histoire lointaine des peuples concernés.

En France aussi, autrefois, les paysans avaient l'habitude de travailler ensemble dans le champ de chacun à tour de rôle, ou de réparer ensemble le toit des maisons, l'un après l'autre.

Auteur d'un récent ouvrage, intitulé *Tontine et développement*, M. Nzemen démontre que la culture financière est ancrée dans la mentalité de l'Africain. Face aux aléas de toutes sortes, la première réaction est venue du monde rural. Le grenier, sorte d'épargne-récolte, est l'ancêtre des tontines actuelles de solidarité.

Bien que l'origine du terme « tontine » renvoie à une forme d'épargne localisée en Italie, en réalité cette forme d'entraide a été découverte dans d'autres pays d'Europe, d'Amérique latine, d'Asie (Japon, Chine et diaspora chinoise, Corée, Indonésie, etc.) et d'Afrique (Bénin, Cameroun).

Les pays africains de leur côté faisaient de même. En effet, les Africains, eux aussi, se sont depuis longtemps groupés pour travailler ensemble successivement dans le champ de chacun d'eux ou construire chaque maison l'une après l'autre dans le village. Ils constituaient de cette façon une « tontine de travail » qui pouvait servir par exemple à creuser les tombes, ou alors une « tontine en nature » pour acheter des tuiles ou organiser une fête. Ce n'est que plus récemment, quand la monnaie a commencé à circuler, qu'ils ont constitué des « tontines d'argent ».

Il n'y a que peu de temps que des écrits mentionnant l'existence de tontines en Afrique sont apparus. En 1952, W.R. Bascom parle de l'*Esusu* au Nigeria et dans les pays voisins où il est pratiqué couramment par les musulmans yorubas.

Selon Ardener, l'*Esusu* serait apparu en réalité vers le milieu du XIXe siècle.

Puis, au cours des années suivantes, de plus en plus d'informations sur ce type de pratiques vont permettre de mieux connaître les mécanismes tontiniers, et de s'apercevoir que les tontines existent en fait dans de très nombreux pays d'Afrique.

Ce sont les pays d'Afrique de l'Ouest qui feront d'abord l'objet d'études sur les tontines, et en particuliers le Nigeria, la Sierra Leone où il semble que le phénomène soit très ancien.

La littérature sur les autres pays d'Afrique de l'Ouest rapporte que c'est aux alentours de la fin du XIXe siècle et au début du XXe siècle que les tontines ont fait leur apparition. Les tontines semblent être beaucoup plus récentes en Afrique de l'Est.

Contrairement à l'Afrique, les choses sont nettement plus anciennes en Asie. Au Japon, par exemple, l'apparition des premières tontines – avec argent – daterait de 1275, et. En Corée, le « *Key* » serait peut-être apparu dès le IXe siècle.

Certains auteurs, spécialistes dans l'étude des tontines asiatiques, pensent qu'elles sont apparues dès le IIe siècle après Jésus-Christ. L'hypothèse qui paraît la plus vraisemblable à leurs yeux est que les tontines de crédit, qui étaient en réalité des sociétés d'entraide, doivent leurs origines à l'influence bouddhique et au rôle joué par les monastères. Les *mujins* auraient alors pris leur essor à la fin du VIIe siècle.

La tontine est également apparue très tôt dans d'autre pays d'Asie. Par exemple, un contrat du XIVe siècle fait état d'une telle pratique au Japon où on la trouve sous l'appellation de *Kou*. Ces tontines existaient déjà dans ce pays un siècle plus tôt dès 1275. On aurait même retrouvé cette appellation dans des textes datant de 606. En Corée, le *Kyes* aurait été pratiqué dès le IXe siècle. Malheureusement, on ne dispose que de très peu d'informations sur l'origine des tontines dans les autres pays asiatiques.

Le mot vient d'un financier italien prénommé Lorenzo Tonti qui avait convaincu Mazarin, vers 1650, d'utiliser une nouvelle formule d'emprunt pour renflouer les caisses de l'État. Aux tontines publiques ont succédé des tontines privées qui permettaient de préparer sa retraite ou de s'assurer sur la vie. Il est plutôt étonnant de retrouver cette expression française utilisée dans tous les pays. On la rencontre même dans le Chitt Funds Act promulgué à Singapour en 1971 qui s'y réfère expressément.

Selon T. Pairault (1990), le terme semble avoir été utilisé pour la première fois par un juriste français dans un ouvrage publié à Saigon en 1905, l'année même où une nouvelle loi sur les tontines est promulguée en métropole ; cet événement explique cela.

Les tribunaux d'Indochine ont ensuite à plusieurs reprises utilisé la formule, les commentateurs d'arrêts l'ont expliquée, et les juristes ont fini par se rendre compte que dans les pays voisins ces pratiques étaient les mêmes, et donc une appellation commune serait beaucoup plus simple. Cette explication laisse cependant sans réponse la question de savoir comment l'expression est passée du continent asiatique au continent africain.

Section 3.3. Généralités sur les tontines en Afrique

Les tontines africaines sont sans doute celles qui ont été le plus étudiées. Elles sont présentes dans la majeure partie des pays africains. Avant de décrire quelles sont les finalités des tontines africaines, les acteurs qui en font partie et les différentes formes existantes, nous allons voir quelques règles de base qui permettent le bon fonctionnement de ces tontines ; parmi ces règles nous avons : **la constitution des groupes, la durée de la tontine, les réunions, le financement et la fin de la tontine.**

- **La constitution :** les groupes sont plus souvent constitués sur la base de la connaissance et de la confiance, on parle alors de tontines fermées. Il peut y avoir aussi les tontines ouvertes entre des personnes qui ne se connaissent pas, mais à l'initiative de l'une d'entre elles qui devient le chef de la tontine. Dans d'autres aussi, les adhérents peuvent parrainer une personne de leur entourage. La finalité, c'est la confiance qui constitue la garantie et un gage de sécurité.
- **La durée de la tontine :** selon leur entente, la tontine peut avoir une durée limitée ou illimitée. Toutefois, les membres peuvent se prémunir de garanties en cas de décès, déménagement, invalidité ou abandon, etc.
- **Les réunions :** elles ont lieu à chaque tour. Elles peuvent se dérouler chez le président ou la présidente, ou chez l'un des membres dont c'est le tour de récupérer son argent. Lors de ces réunions, la présence de chacun est obligatoire, généralement c'est à cette période que les cotisations sont collectées. La non-présence peut entraîner des sanctions soit en nature soit en numéraire. C'est le lieu où les membres discutent de tout et règlent des problèmes s'il y en a.
- **Le financement :** il se fait par les apports des membres de la tontine.

- **La fin de la tontine :** elle s'achève par une grande fête et la fin de celle-ci entraîne le début de la suivante. Ils en profitent souvent pour améliorer le mode de fonctionnement de leur association.

Section 3.4. Les finalités des tontines

Toute activité ayant une finalité, les tontines n'en font pas exception. Les membres des tontines en tirent d'innombrables finalités, parmi lesquelles nous en avons retenu trois.

- **Une finalité sociale :** la tontine est avant tout pour les membres une occasion de se rencontrer comme les réunions des jeunes, les groupements des femmes… la tontine privilégie le groupe par rapport à l'individu.
- **Une finalité économique :** les membres d'une tontine peuvent décider d'utiliser les fonds mobilisés pour le financement d'un projet de court terme. Tout comme ils peuvent utiliser les fonds pour des événements prévus ou imprévus, et ce, de manière collective ou individuelle.
- **Une finalité financière :** la tontine étant avant tout une technique de mobilisation de l'épargne, elle vise à distribuer les fonds à tour de rôle ou selon un ordre préétabli.

SECTION 4. LES DIVERSES FORMES DE TONTINES

Il existe plusieurs types de tontines, chacune d'entre elles étant, dans sa composition, à dominance professionnelle ou géographique. Les tontines professionnelles ou socioprofessionnelles sont les tontines de cadres, de fonctionnaires, d'agriculteurs, d'artisans, de commerçants, d'entreprises...

Les tontines géographiques sont les tontines de quartiers, de villages, d'Africains en France, de l'élite en RCA...

On peut distinguer trois types principaux de tontines : **les tontines mutuelles, les tontines commerciales, et enfin les tontines financières.**

Section 4.1. Les tontines mutuelles

Ces tontines sont les plus répandues. Elles reposent sur la solidarité entre membres qui se connaissent bien. Les tontines mutuelles peuvent être définies comme des fonds d'épargne rotative où les levées bénéficient à chacun des sociétaires selon un ordre préétabli, mais révisable. Chacun peut prêter et emprunter et remplacer une créance par une dette. Ces créances et dettes ont plusieurs caractéristiques particulières.

Elles ne sont assorties d'aucun intérêt. En effet, les créances ne rapportent rien, et les dettes ne coûtent rien non plus. Ainsi, l'épargne et le crédit sont gratuits.

Il n'y a pas d'intermédiaire. Tous les adhérents ont certes des créances et des dettes, mais ils les ont les uns envers les autres du fait que la tontine ne dispose pas d'une personnalité juridique propre. Les créances et les dettes se compensent parfaitement tout au long du cycle et s'annulent au dernier tour. L'accumulation n'est ici que temporaire.

Section 4.2. Les tontines commerciales

Dans cette forme de tontine, les fonds sont collectés par un tiers qui a pris l'initiative de la création du groupe et qui joue le rôle de banquier, prélevant une commission pour le service qu'il rend d'ajuster au mieux l'épargne collectée et les prêts déboursés.

Dans cette forme de tontine, on peut également parler de créances et de dettes. En effet, la créance du client augmente au fur et à mesure qu'il dépose son épargne chez le tontinier, qui lui, à l'inverse, voit sa dette augmenter d'autant. La créance des clients et la dette du tontinier sont la contrepartie l'une de l'autre : elles progressent à chaque versement et diminuent lors du remboursement. Les caractéristiques de ces créances et de ces dettes sont les suivantes : elles s'accompagnent, contrairement à celles des tontines mutuelles, d'un intérêt. Mais cet intérêt est négatif puisque c'est le client qui le paye pour que son argent soit en sécurité. En général, il est de 3 %.

Il n'y a toujours pas d'intermédiaire. Le tontinier ne prête pas aux uns ce qu'il a reçu des autres, mais il y a un agent avec lequel tous les clients sont en relation, et sur lequel ils ont tous une créance juridiquement identifiée. Cette créance est d'ailleurs matérialisée par la carte émise au nom du tontinier qui l'a remise à chaque client et dont il coche une case à chaque versement. Elle est un titre de créance dont la validité a déjà été reconnue en justice. Si le client la perd, le tontinier peut refuser de le rembourser… mais il a plutôt intérêt à garder la confiance de ses clients.

La dette du tontinier et la créance de ses clients progressent parallèlement jusqu'au remboursement. Ici également, l'accumulation est temporaire, mais elle est régulière, car les versements s'échelonnent selon un échéancier prévu d'avance. Ainsi, la détermination de la valeur de ces créances et de ces dettes est plus facile, car très souvent, les clients qui viennent d'être remboursés reprennent aussitôt leurs versements.

Section 4.3. Les tontines financières

Contrairement aux tontines commerciales, où l'on cherche au maximum à récupérer l'argent déposé, les dépôts effectués ici par l'ensemble des adhérents sont mis aux enchères selon des modalités statutairement définies.

Le participant le plus offrant paie donc un intérêt pour emprunter l'argent de la tontine. Le taux diminue à mesure que les tours se succèdent puisque les candidats sont de moins en moins nombreux et que la durée restant à courir est de plus en plus courte. Le produit de ces enchères est ensuite réparti entre les participants qui, quelle que soit leur propre enchère, se trouvent rémunérés de leurs propres versements. L'intérêt est négatif pour ceux qui ont besoin d'emprunter rapidement, et positif pour ceux qui ont pu attendre.

L'intérêt n'est pas le prix d'équilibre de l'offre et de la demande de liquidité à un moment donné, il résulte de l'étalement pendant le cycle des besoins de chacun.

Pour clore, soulignons que la part de cotisation varie d'une tontine à une autre en fonction du niveau des revenus des membres et des objectifs qu'ils visent.

En outre, les divers systèmes de tontines qui peuvent exister se distinguent les uns des autres par les conditions d'adhésion, le nombre de membres, le montant d'adhésion et la périodicité des contributions, le mode de gestion, l'emploi des fonds, le mode de remboursement des prêts, etc.

Remarque sur les différentes formes de tontines

Les tontines, au-delà d'être un moyen d'épargner ensemble et de bénéficier à tour de rôle de tout ou partie de cette épargne, peuvent complémentairement ou principalement jouer un rôle social. Elles sont une forme d'entraide, notamment en cas d'hospitalisation ou de décès.

Les intérêts perçus sur les enchères peuvent alimenter cette « section sociale » ou cette dernière peut aussi faire l'objet d'une cotisation particulière. Certains considèrent que le rôle des tontines est celui d'une « espèce de sécurité sociale à l'africaine ».

Section 4.4. Caractéristiques

Les tontines se caractérisent par :

- Des relations personnelles très étroites entre les membres ;
- Leurs mécanismes sont d'une réelle originalité et d'une grande souplesse ;
- Elles sont populaires et autogérées par les intéressés ;
- Elles assurent une fonction financière sans l'aide des banques et des services techniques ;
- Elles rassemblent l'épargne sous forme de cotisations, et permettent à leurs membres de faire des économies afin de faire face à des dépenses importantes en cas de deuil, de maladie ou pour investir.

Fonctionnement et activités

Le principe de la tontine est celui d'un échange circulaire et égalitaire d'un bien ou service entre un groupe de personnes qui partagent le plus souvent les mêmes ambitions.

Le principe des tontines est simple : un groupe d'amis ou de proches décident de se réunir régulièrement pour mettre leur épargne en commun. Chacun cotise une somme fixe, déterminée à l'avance : par exemple, 10 personnes donnent 100 000 GNF. À chaque rencontre, il y en a autant que de membres dans la tontine et une seule personne empoche l'intégralité de la cagnotte, soit 1000 000 GNF. Et ainsi de suite, jusqu'à ce que tous les adhérents aient « bouffé la tontine ».

Le « tour » échoit au moment où un membre bénéficie des cotisations versées par l'ensemble des membres de son association. L'ensemble des « tours » constitue un « cycle ». Celui-ci correspond à la rotation complète des tours.

La durée du cycle ne s'exprime donc ni en semaines, ni en mois, ni en années, mais elle est égale au produit du nombre des membres par la périodicité des tours. Les membres d'une tontine s'engagent à toute la durée du cycle.

Entre deux cycles, ils peuvent sortir librement et les nouveaux adhérents peuvent entrer. Les modalités d'attribution des tours sont déterminées soit par la désignation du dirigeant de la tontine, soit par tirage au sort, soit par vente aux enchères (procédure souvent complexe), ou encore suivant l'urgence des besoins de l'un des membres.

Les performances des tontines en matière de remboursement ne sont pas assurées par des garanties formelles, mais résultent de la pression sociale et sont généralement bonnes. En effet, leur mode de fonctionnement paraît adapté à l'environnement culturel africain dans la mesure où la tontine constitue une obligation de solidarité intertemporelle.

Quant aux activités, la tontine peut avoir quatre principales fonctions :

- **La fonction mutuelle** qui permet à ses membres de faire face aux dépenses importantes imprévues (maladies ou deuil), de couvrir des besoins financiers et d'accorder une assistance morale à des personnes en difficultés, ou encore d'organiser une fête, un mariage, une naissance, etc.
- **La fonction d'épargne :** dans ce cas, la tontine occupe la fonction d'une caisse d'épargne ou d'une banque.
- **La fonction de crédit** pour les membres ou les non-membres. La tontine se transforme alors en banque, et prête l'argent à des taux préférentiels à ses membres.
- **La fonction d'investissement :** la tontine investit généralement dans le domaine social. Au Cameroun par exemple, une tontine a un foyer qu'elle loue pour les fêtes et les mariages. D'autres ont acheté des caisses, de l'équipement pour les cérémonies, un taxi bus ou un véhicule pour les liaisons entre leurs régions d'origine et capitales, un petit magasin

d'alimentation, une quincaillerie et même un corbillard.

Section 4.5. Organisation, remboursement des prêts et adhésion des membres aux tontines

Du point de vue de l'organisation, comme dans toute association, on trouve un président, des vice-présidents, des secrétaires, des trésoriers, des commissaires aux comptes, un censeur pour le maintien de la discipline, des conseillers, voire d'autres spécialistes selon le cas.

Comme la tontine n'a pas de caractère juridique, elle n'a pas d'enregistrement légal et fait donc partie des associations informelles.

Pour corroborer ce qui vient d'être évoqué en amont relativement au recouvrement des créances, on peut se demander pourquoi la finance informelle réussit alors que le système bancaire africain connaît tant de difficultés et a dans ses comptes autant de créances irrécouvrables. Là encore, l'explication est sociale. Si le débiteur d'une banque se sent peu concerné par sa dette et omet si souvent de remplir son obligation de remboursement, le lien de confiance et la pression sociale sont suffisamment forts pour assurer le respect des engagements financiers informels. La force des liens sociaux, la personnalisation des relations diminuent le coût implicite des fonds prêtés en réduisant le risque de non-remboursement.

Concernant l'adhésion des membres aux tontines, elle est guidée par trois critères :

- **La liquidité** : on voit, on touche, on sent l'argent à chaque séance ;
- **La solidarité** (un seul bras n'attache pas un fagot de bois) : on peut aller jusqu'à passer son tour en faveur de quelqu'un d'autre qui a un besoin urgent ;
- **La régularité** : chaque jour, chaque semaine, chaque mois, les membres de la tontine se réunissent.

> L'assiduité aux séances est signe de l'attachement aux objectifs du groupe et la garantie de la parole donnée. Aucun prétexte ne peut justifier une irrégularité dans les versements des cotisations.

En définitive, « Quand tu échoues la tontine, tu deviens indésirable dans le groupe. Tu peux être discrédité et exclu de ton association », raconte Malamba T., sociologue congolais en Belgique.

Section 4.6. Statut, faiblesses des tontines et nécessité du droit

Statut et faiblesse des tontines

En favorisant le développement des pratiques tontinières, le marasme financier qui a suivi la crise économique des années 1990 en a également dévoilé les faiblesses des fondements juridiques. Selon R. Noumen, la capacité de prêt a également une marge très restreinte. L'offre de crédit est donc inélastique alors que la demande est élevée, d'où la surenchère.

En Afrique, les tontines ne sont pas encore reconnues légalement. Cependant, on peut observer quelques modifications allant dans ce sens. Par exemple, dans la zone de l'Union économique et monétaire ouest-africaine, une loi sur les institutions mutualistes ou coopératives d'épargne et de crédit était en cours d'adoption devant les parlements nationaux. Cette loi vise plutôt le secteur semi-formel, mais pourrait servir de tremplin aux tontines pour solliciter leur reconnaissance auprès des autorités.

Bien plus, les limites et les contraintes des tontines mettent en évidence le système des tontines quant à leur rôle possible de financement du développement. Celui-ci doit être recherché à partir d'une approche « locale » du développement : l'ensemble des projets individuels et collectifs s'inscrivant dans une réalité spatiale, humaine, économique, articulée sur l'extérieur, mais aussi dans laquelle les individus se connaissent et sont prêts à investir.

Section 4.7. Nécessité de droit : processus de bancarisation des tontines

Les différents travaux sur les tontines (Nzemen, 1988, 1993 ; Pairault, 1990 ; Henri, 1991) insistent sur la logique de la confiance comme principal substrat sur lequel se bâtissent ces pratiques. Mais les tontines font beaucoup plus que s'appuyer sur la confiance, elles sont des lieux privilégiés où l'on peut en toute quiétude s'en remettre aux autres. Elles sont un des foyers où la confiance se crée et se fortifie. Cette confiance est fondée sur une connaissance mutuelle concrète des acteurs, vertu cardinale qui manque le plus aux banques et au système financier institutionnel.

Mais les défaillances de plus en plus fréquentes des membres dans un contexte de crise, d'appauvrissement et d'exclusion constituent une source de difficultés en chaîne qui effrite dangereusement l'étoffe de la confiance qui constitue l'essence de la tontine. Ceci contribue à en fragiliser les fondements. La détérioration des relations interpersonnelles peut avoir des répercussions néfastes sur le fonctionnement du groupe, surtout si les protagonistes occupent des positions stratégiques dans l'organigramme de la structure (président et trésorier par exemple). Quelquefois, les problèmes nés entre les membres, en dehors de l'association, peuvent nuire à la solidité du système et à la cohésion du groupe dans la mesure où les rapports sociaux débouchent presque toujours sur la constitution de réseaux clientélistes.

Il s'ensuit alors la division du groupe en fractions rivales et antagonistes qui peut aboutir à la dislocation pure et simple avec des conséquences incalculables. Au sein de nombreux groupes, la fiabilité et l'efficacité de la pratique tontinière dépend du trésorier qui très souvent détient en devers lui d'importantes sommes d'argent, quand bien même l'association serait titulaire d'un compte bancaire. Il arrive très souvent que l'individu qui occupe cette fonction abuse de la confiance mise en lui et disparaisse avec la caisse ou distraie des sommes importantes au moment de la redistribution à échéance des épargnes dans les diverses caisses.

Le deuxième niveau où la question de la confiance dans la tontine pose problème est institutionnel et concerne l'attitude de l'État à l'égard des tontines et, partant, la nature des rapports entre l'État et les tontiniers.

Warnier (1993) rappelle à cet effet que « nombreux sont les tontiniers qui redoutent une légalisation des tontines parce qu'ils se méfient des intentions cachées d'un législateur au service d'un État trop gourmand ».

Par ailleurs, les relations entre le système bancaire et les nombreux opérateurs sont marquées par la méfiance en raison de la sélectivité des prêts qui se feraient souvent sur la base des relations personnelles ou pour des raisons d'équilibre régional plutôt que sur des critères économiques et financiers. Ce genre de réticence traduit un déficit de confiance entre les opérateurs économiques et l'État, en même temps qu'elle pose la question de l'attitude de l'État par rapport aux tontines.

SECTION 5. CONVERGENCE ET DIVERGENCE ENTRE TONTINE ET FINANCE ISLAMIQUE

Une société sous-entend donc l'existence d'individus ou de groupes en interaction mutuelle de façon plus ou moins permanente et entre lesquels il existe des modalités d'interactions bien définies. Les membres d'une société n'ont pas nécessairement la même culture en commun.

Section 5.1. La communauté et la culture

De manière générale, une communauté est un groupe social d'une taille quelconque, dont les membres habitent une localité déterminée et sont en interaction mutuelle de façon permanente et ont en commun une certaine perception de leur identité, de leurs intérêts, des valeurs, des institutions gouvernementales, ainsi qu'un héritage culturel et historique. La définition d'une communauté n'exige pas que tous les membres habitent en permanence une localité précise, ni que chacun d'eux soit en interaction permanente avec les autres (Wikipédia).

La culture est une création humaine que les hommes redéfinissent et réinventent constamment. Elle est censée répondre à différents besoins de l'être humain, notamment obtenir des réponses aux questions qu'il peut se poser ; depuis les plus pragmatiques et les plus concrètes, jusqu'aux interrogations essentiellement philosophiques et universelles (Wikipédia).

Une culture particulière est un système complet comportant différents aspects interdépendants, sa composante familiale par exemple, ainsi que ses composantes politiques, économiques et religieuses. Et puisqu'une culture est organisée en tant que système, les influences extérieures à l'origine de changements survenus dans l'une de ces composantes sont susceptibles d'avoir des ramifications et des répercussions au sein des autres composantes ; parfois dans chacune d'elles. Dans le monde actuel en rapide évolution, de nouvelles sous-cultures apparaissent sans cesse. Parfois, elles gomment des distinctions culturelles jadis importantes qui, jusqu'à maintenant, différenciaient des groupes humains en fonction de leur histoire, de leur langue, de leur appartenance ethnique, de l'organisation économique et de la religion. Au cours des trois dernières décennies, de nombreuses cultures ont privilégié de plus en plus des valeurs relativement nouvelles concernant l'utilisation des ressources naturelles, valeurs souvent jugées contraires à leurs intérêts par les personnes faisant partie de cultures « autochtones », « traditionnelles » et « communautaires »[14].

Alors, la finance islamique et la tontine ont sept points communs, avec un seul point divergent, ce qui explique que tous les produits de la finance islamique peuvent être financés par une collecte de tontines[15] (illustration ci-dessous).

Tontines	**Convergences**	**Finance islamique**
1. Locale	[OUI]	1. Locale
2. Entraide	[OUI]	2. Entraide (*Takaful*, épargne solidaire)
3. Proximité (physique, psychologique)	[OUI]	3. Proximité (physique, psychologique)
4. Confiance	[OUI]	4. Confiance
5. Lien proche (institutionnel)	[OUI]	5. Lien proche (institutionnel)
6. Ancrage territorial	[OUI]	6. Ancrage territorial
7. Rentabilité	[OUI]	7. Rentabilité
Tontines	**Divergence**	**Finance islamique**
1. Tous les domaines [OUI]	[NON]	1. Principes de la Charia [NON]

Section 5.2. Lien de solidarité entre tontine et finance islamique

La finance islamique et la tontine sont constituées par toutes les transactions financières (emprunts et dépôts) qui sont et qui ne sont pas réglementées par une autorité monétaire centrale ou par un marché financier central (Adams et Fitchett, 1994).

Les dispositifs informels (tontines) de financement peuvent être assimilés à des mécanismes de régulation sociale,

---

14 https://www.fao.org/3/Y1290F/y1290f05.htm#TopOfPage

15 Lors de notre enquête, nous sommes à l'origine des collectes.

c'est-à-dire à des appareils de création et de renouvellement des règles qui permettent la communication, l'échange, la collaboration, le contrat, l'institution et même le conflit au sein d'une société. Ces dispositifs de financement ont des origines culturelles, religieuses ou éthiques. Il s'agit ici d'un fonds commun que les membres alimentent par une quote-part selon une périodicité définie collectivement. Cet argent est destiné à venir en aide à chacun lors d'un évènement heureux (naissance, mariage, baptême) ou malheureux (maladie, décès, etc.). Au-delà des objectifs économico-utilitaristes, il existe également des liens de solidarité qui se créent entre eux par le fait qu'ils ont des activités en commun. Le social est ici à placer au même niveau que le bénéfice matériel.

DEUXIÈME PARTIE

Étude empirique

Pour cette étude empirique, notre analyse se situe en République de Guinée. Ce choix n'est pas dû au hasard, pour diverses raisons. La République de Guinée est un petit pays que se situe en Afrique de l'Ouest bordé par l'océan Atlantique. Sur le plan international, elle ne bénéficie pas d'une grande visibilité contrairement au Sénégal, à la Côte d'Ivoire ou au Mali. Elle occupe pourtant une place stratégique dans la sous-région (Doré Ousmane, « Document stratégique et réduction de la pauvreté en Guinée », 2015, p. 12). La République de Guinée est souvent surnommée « château d'eau de l'Afrique de l'Ouest » ; le manque d'eau et d'électricité est très récurrent, sa position géographique pourrait être un levier économique pour les pays voisins. La République de Guinée fait frontière commune avec la Guinée Bissau, le Sénégal et le Mali au Nord – Nord-Est ; avec la Côte d'Ivoire à l'Est – Sud-Est ; au Sud avec le Libéria et la Sierra Léone ; à l'Ouest elle dispose d'environ 300 km de façade Atlantique et de deux ports à haut fond[16]. Il convient également d'insister sur le fait que la Guinée est un pays riche en matières premières (bauxite, dont elle est le premier producteur mondial, or, diamant, bois précieux, etc.). Elle dispose de près de 70 %

[16] La Guinée a une superficie de 245 857 km^2.

de terres arables réparties sur quatre régions naturelles, avec un paysage attractif et très varié.

CHAPITRE I

Méthodologie de notre enquête

Sur l'ensemble du territoire national guinéen, la tontine est utilisée partout, et même dans tout le continent africain. Des millions de Guinéens ont recours à des tontines pour financer leurs activités. La couverture géographique de la tontine est un trait remarquable et joue un rôle primordial pour notre population. La place de tontine ouverte ou fermée s'est confirmée, amplifiée. Le nombre d'utilisateurs s'est accru. La mission que lui assigne la société a pris d'autres dimensions. Sur le plan de l'égalité des chances ou de l'équilibre de la vie, il est de plus en plus sollicité que contesté.

SECTION 1. LE CHOIX DU LIEU D'ÉTUDE

Notre choix porte sur Conakry ; ce choix est largement réfléchi, car Conakry est une ville cosmopolite, on y trouve toute la population de l'Afrique de l'Ouest. Selon la direction nationale de la statistique, près de 3 875 000 personnes habitent dans la capitale guinéenne, et si les tendances continuent d'ici 2030, nous serons 4 500 000 personnes.

Avec une population relativement jeune, 78,7 % ont moins de 60 ans (Institut national d'études statistiques,

2020). Ce pourcentage n'est pas loin de la moyenne nationale (77,4 %). Cependant, Conakry compte plus d'enfants de 14 ans par rapport aux autres grandes villes du pays ; cet aspect est dû à trois facteurs (Organisation mondiale de la Santé, 2017).

Du point de vue administratif, toutes les activités de l'État sont concentrées à Conakry, principalement dans la commune de Kaloum, c'est l'une des raisons qui fonde notre choix.

Section 1.1. Présentation de l'enquête de terrain

Pour mieux cerner notre étude, nous avons rédigé un questionnaire qui s'adresse à des personnes qui adhèrent aux groupements de tontines.

Le questionnaire est divisé en deux parties :

1. La première partie concerne essentiellement les informations générales :
   - Nom de la structure ;
   - Date de création et nombre d'adhérents ;
   - Lien entre les adhérents et le statut juridique.

2. La deuxième partie porte sur l'activité :
   - Les activités financées ;
   - La cagnotte ;
   - Le lien commun[17].

Section 1.2. L' enquête de terrain

Pour recueillir des informations de bonne qualité, nous avons réalisé des interviews dans les trois communes de Conakry : Dixin, Matoto et Ratoma, avec des groupements de tontines de plus de cinquante personnes. Mais nous

---

[17] Voir l'annexe 1.

avons pris en compte deux groupements : l'un avec soixante personnes et l'autre avec trois cent quarante personnes.

Le premier groupement est une tontine fermée et le deuxième une tontine ouverte.

Aucune difficulté n'a été administrée, l'enquête a durée trois jours, nous avons visé les jours de leur réunion.

Section 1.3. Description de l'enquête

L'enquête en générale nous a révélé l'existence d'une multitude de types de mobilisation d'épargne dans le secteur informel, mais nous avons retenu les plus fréquents :

- Le groupe des femmes dans les quartiers ou dans les marchés ;
- Le tontinier ambulant avec un ticket de 31 jours ;
- La tontine des professionnelles : les fonctionnaires, les banquiers, les grands commerçants, les ouvriers.

L'enquête nous a montré que ces tontines peuvent être composées de femmes uniquement, comme celles des quartiers et de l'intérieur des marchés. Tout comme elles peuvent être mixtes, c'est-à-dire composées d'hommes, de femmes et de jeunes.

Nous avons utilisé un seul questionnaire pour les deux groupes différents.

- **Le premier** concerne un groupe de 60 femmes se connaissant toutes et résidant dans le même secteur.
- **Le deuxième** concerne un groupe de 340 personnes mixtes géré par un tontinier ambulant. À ce niveau, nous avons juste rencontré le tontinier et quelques membres de la tontine ; pour les autres, nous avons échangé par téléphone.

Section 1.4. Organisation des deux tontines retenues

Du point de vue administratif, la première tontine de 60 femmes est dirigée par une présidente, une caissière et une chargée de l'information et de la communication. Elles se regroupent une fois par mois chez la présidente désignée par l'ensemble des adhérents où se font les versements et un groupe de 5 se partage le montant total réuni. Le montant versé par personne et par mois est de 60 000 GNF.

À chaque mois, une somme de 3600 000 GNF est collectée, divisée en 5 parts, et chaque personne prend 720 000 GNF à tour de rôle[18].

Dans la collecte et l'exploitation des données, nous limiterons notre analyse aux activités et à leurs caractéristiques.

Dans la deuxième tontine, il s'agit d'une tontine mixte avec une population de 340 personnes. Nous nous sommes intéressés sur l'état civil, l'âge, l'activité principale menée, le nombre d'enfants et le niveau de formation.

Dans l'une ou l'autre, les membres visent à se prémunir contre des imprévus à côté ; nous avons identifié quelques utilisations faites par les membres :

1. Démarrer une nouvelle activité ;
2. Se prémunir contre les risques ;
3. Réaliser un objectif fixé ;
4. Diversifier des activités ;
5. Développer l'activité existante.

[18] Cinq prennent une cagnotte de 720 000 GNF chacune.

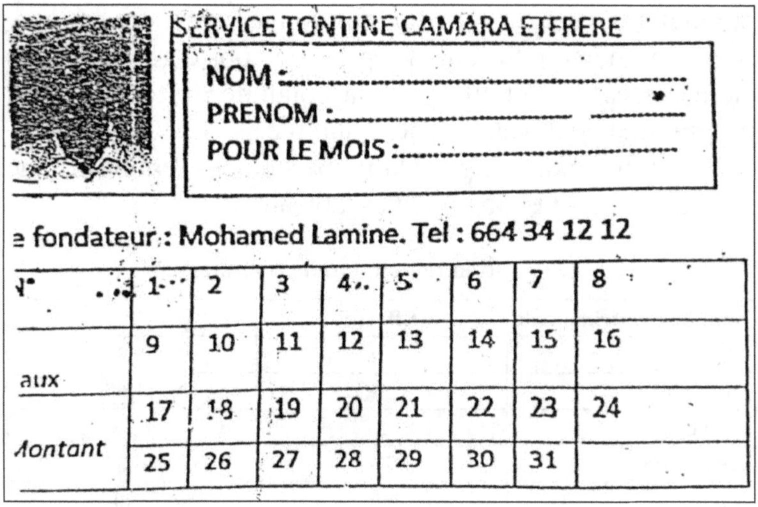

SERVICE TONTINE CAMARA ETFRERE

NOM :

PRENOM :

POUR LE MOIS :

e fondateur : Mohamed Lamine. Tel : 664 34 12 12

N°	1	2	3	4	5	6	7	8
aux	9	10	11	12	13	14	15	16
Montant	17	18	19	20	21	22	23	24
	25	26	27	28	29	30	31	

SECTION 2. COLLECTE DE DONNÉES

Pour faciliter la compréhension, nous allons présenter plusieurs tableaux en prenant en compte deux variables : une variable expliquée et une variable explicative.

Ensuite, sachant le rôle des tontines dans le développement de nos sociétés, nous avons identifié la façon dont les fonds sont utilisés.

Section 2.1. Collecte en tenant compte de variables

Pour la première enquête, qui est une tontine fermée, nous avons fait le choix de prendre les variables suivantes :

1. La situation matrimoniale ;
2. Le nombre de personnes vivant sous le même toit ;
3. Le niveau d'études ;
4. L'âge des membres du groupement.

Ce constat montre aujourd'hui que les stratégies de développement durable retiennent un grand nombre de facteurs, tels que l'âge et les besoins exprimés par les populations ciblées, et leur environnement économique, social, et même politique. La prise en considération de ces éléments est essentielle pour la conduite de tout type de programme de développement durable.

Sur notre enquête, pour la plupart de ces femmes, l'âge se situe entre 23 et 45 ans (clef tableau).

1. Situation matrimoniale (femmes)

Situation matrimoniale	**Effectif**	**%**
Mariée	32	53,33
Divorcée	7	11,67
Veuve	5	8,33
Célibataire	16	26,67
Total	**60**	**100**

Source : l'auteur.

2. Présentation selon le nombre d'enfants

Enfants à charge	**Effectif**	**%**
0	9	15
1	13	21,67
2	17	28,33
3	4	6,67
4	7	11,67
5	10	16,67
Total	**60**	**100**

Source : l'auteur.

3. Présentation selon le niveau d'études

Études	**Effectif**	**%**
Primaire	28	46,7
Secondaire	16	26,7
Supérieur	6	10
Autres	10	16,7
Total	**60**	**100**

Source : l'auteur.

4. Enquête sur l'âge

Âge	**Effectif**	**%**
26	8	13,33
28	16	26,67
34	9	15
37	8	13,33
38	6	10
40	2	3,33
43	3	5
49	5	8,33
57	3	5
Total	**60**	**100**

Source : l'auteur.

Section 2.2. Enquête sur la tontine ouverte

Au niveau de la deuxième tontine de 340 personnes, au début nous avons voulu garder l'anonymat pour déterminer si les personnes connaissent l'existence de la finance islamique. Les mêmes variables ont été reprises comme la première enquête : il s'agit du genre, de l'état civil, de l'âge, du nombre d'enfants à charge, du niveau d'études ainsi que de l'activité exercée.

1. Collecte selon le genre

Genre	**Effectif**	**%**
Féminin	278	81,8
Masculin	62	18,2
Total	**340**	**100**

Source : l'auteur.

2. Collecte selon la situation matrimoniale

État civil	**Effectif**	**%**
Marié	195	57,3
Célibataire	68	20
Divorcé	42	12,4
Veuf(ve)	35	10,3
Total	**340**	**100**

Source : l'auteur.

3. Collecte selon l'âge

Âge	**Effectif**	**%**
19	25	7,4
20	55	16,2
22	28	8,2
23	32	9,4
27	18	5,3
29	22	6,5
33	40	11,8
37	60	17,6
41	16	4,7
42	15	4,4
47	17	5
54	12	3,5
Total	**340**	**100**

Source : l'auteur.

4. Collecte selon le nombre d'enfants

Nombre d'enfants	Effectif	%
1	27	8
2	68	20
3	63	18,5
4	45	13,1
5	78	23
6	41	12,1
7	18	5,3
Total	**340**	**100**

Source : l'auteur.

5. Collecte selon le niveau d'études

Niveau d'études	Effectif	%
Primaire	180	53
Secondaire	70	21
Supérieur	28	8,
Autres	62	18
Total	**340**	**100**

Source : l'auteur.

6. Collecte selon l'activité principale

Activité principale	Effectif	%
Commerce	180	53
Transport	80	23,5
Enseignement	20	5,9
Fonction publique	12	3,5
Autres	48	14,1
Total	**340**	**100**

Source : l'auteur.

7. Collecte selon le montant versé : journalier, mensuel et annuel

Montant journalier par personne	Montant mensuel collecté par personne	Montant total mensuel par groupe	Effectif	%
20 000	620 000	68 200 0000	110	32,4
30 000	930 000	55 800 000	60	17,6
40 000	1 240 000	43 400 000	36	10,6
50 000	1 550 000	43 400 000	28	8,2
60 000	1 860 000	40 920 000	22	6,5
80 000	2 480 000	47 120 000	19	5,6
150 000	4 650 000	69 750 000	15	4,4
200 000	6 200 000	80 600 000	13	3,8
250 000	7 750 000	85 250 000	11	3,2
300 000	9 300 000	93 000 000	10	3
500 000	15 500 000	124 000 000	8	2,4
700 000	21 700 000	108 500 000	5	1,5
1 000 000	31 000 000	93 000 000	3	1
Total	**104 780 000**	**952 940 000**	**340**	**100**

Source : enquête.

Section 2.3. Les outils de service pour le traitement des données

Ce questionnaire a fait l'objet de deux mois d'études. Au cours de notre formation, nous avons fait beaucoup d'enquêtes sur le terrain, essentiellement sur notre projet tutoré dirigé par le personnel de l'université. Pour ce projet, nous avons appris comment rédiger un questionnaire d'ordre qualitatif et quantitatif. Une série de documents nous a été fournie, nous avons aussi appris Excel avancé pendant notre formation. Pour ce cas, nous allons utiliser Excel pour faire notre analyse et surtout les tableaux dynamiques croisés.

CHAPITRE II

Analyses et recommandations

Il s'agit d'identifier quels changements comportementaux sont induits par les activités de la tontine et la finance islamique, et comment se traduisent ces changements en termes économique et social. Une logique de conformité entre les systèmes est en effet réelle. Le but de la tontine et de la finance islamique est de lutter contre l'exclusion sociale et de promouvoir un développement économique, social et durable sous toutes ses formes. Et enfin, comment les acteurs de ces pratiques cherchent donc à impulser un changement à la fois économique et social. Pour ce faire, ils doivent apporter non seulement du soutien (financer), mais aussi de la formation, et surtout des règles pour orienter les comportements des bénéficiaires vers les activités génératrices de revenus.

SECTION 1. ANALYSES DES DONNÉES

Nous avons une lecture générale sur la finance islamique concernant la connaissance et la méconnaissance en termes de proportion de notre échantillon. Sur une population de 400 individus, nous avons posé 3 questions :

– La première question : « Connaissez-vous la finance islamique ? »

– La deuxième question : « Par quel canal d'information vous informez-vous ? »
– La troisième question : « Souhaitez-vous entreprendre ? »

Récapitulatif

Total	**Femmes**	**Hommes**
400	338	62
Connaissance finance islamique	240/338	60/62
Souhaitent entreprendre	335/338	62/62
Canal d'information	1. Radio : 8 2. Télévision : 29 3. Facebook : 260 4. WhatsApp : 35 5. Twitter : 1 6. Presse en ligne : 5	1. Radio : 10 2. Télévision : 15 3. Facebook : 25 4. WhatsApp : 5 5. Twitter : 2 6. Presse en ligne : 5

Devant une telle ampleur, « les médias via les réseaux sociaux sont incontournables ». Savoir utiliser Facebook, etc., comme outil de diffusion de la communication et de l'information et comme vecteur d'éducation engage durablement l'avenir de notre société. Le lien social se vit en priorité dans la proximité. La tontine et la finance islamique doivent s'inscrire dans le territoire pour son développement (illustration).

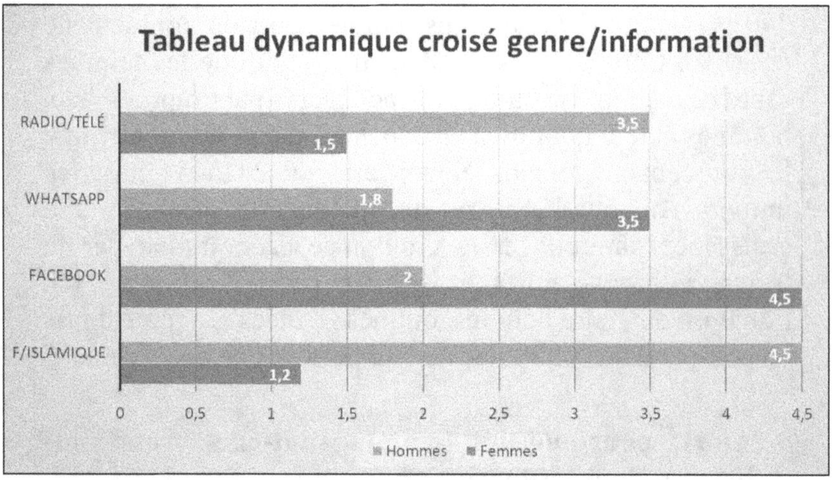

Source : l'auteur.

1. Notre première observation nous montre que la finance islamique n'est pas assez connue par les femmes. C'est valable et fondamental parce que les femmes s'intéressent peu aux banques et aux institutions de microfinance, et la plupart des femmes qui font la tontine, leur niveau scolaire n'est pas trop élevé. En plus, les femmes font des petites activités qui ne demandent pas des sommes conséquentes.
2. Les réseaux sociaux sont un outil crucial pour pouvoir être informé aujourd'hui, alors les institutions financières et formations doivent s'accentuer sur les réseaux pour améliorer leur visibilité. D'après notre enquête sur les deux tontines, toutes les informations et les réunions se font sur Facebook et WhatsApp, quelques collectes se font par Orange Money.

Section 1.1. Analyse en fonction du genre

Comme le montre notre enquête, sur les tontines ouvertes et fermées, les femmes occupent une position très dominante par rapport aux hommes, sur une population de

340 personnes, 274 sont des femmes, soit un pourcentage de 81 %. Cette idée est fondée sur le fait que les femmes font beaucoup de travaux ménagers par rapport aux hommes et leur quotidien en dépend. Le constat montre que le pourcentage le plus élevé varie de 24 à 54 ans, les individus qui ont de 55 à 60 ans ont tendance à équilibrer la croissance naturelle et la croissance économique par le travail, l'épargne et l'investissement (petit commerce). Ici, l'analyse du genre pour les tontines fermées n'a pas été pris en compte du fait qu'elles ne comportent que des femmes.

Alors, pourquoi les femmes sont-elles très nombreuses dans les tontines ?

1. Le lien de proximité (toujours dans le même secteur ou quartier) ;
2. Le lien social (cérémonie, baptême, décès, concurrence dans les petites activités) ;
3. Le lien familial.

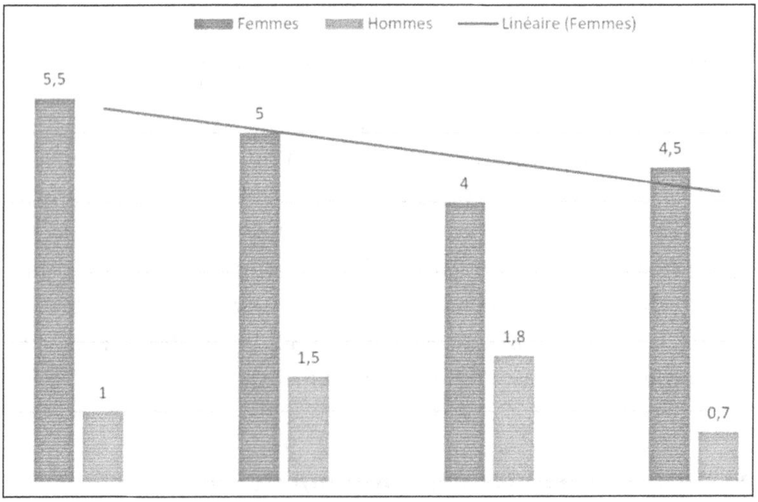

Source : l'auteur.

Section 1.2. Les caractéristiques des répondants

D'une manière générale, 84,5 % de nos répondants sont des femmes qui exercent une activité comme le commerce, peu font des fabrications et transformations de certains produits. Quant aux hommes, ils sont maçons, entrepreneurs, soudeurs, boulangers, taxis-motards et ils gagnent mensuellement un revenu supérieur ou égal à cinq cent mille (500 000 GNF).

Tous les répondants ont des profils différents et souhaitent entreprendre d'ici quelques années (illustration).

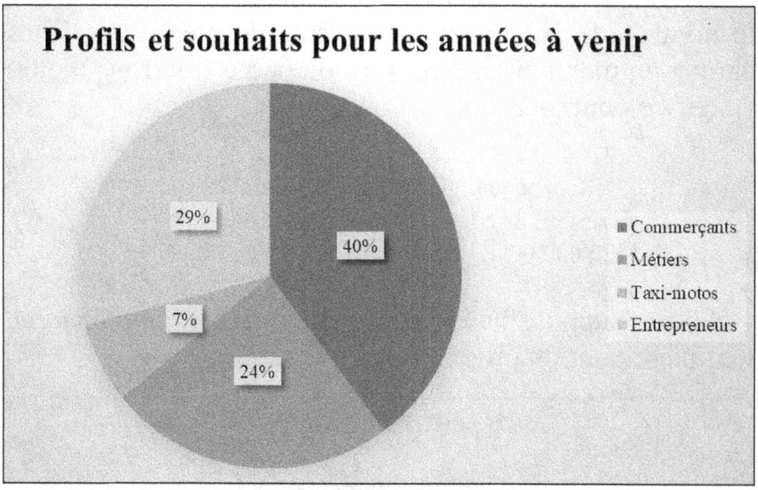

Source : l'auteur.

Section 1.3. Le revenu, le montant versé et le nombre d' enfants pris en charge

Selon la Banque mondiale, une personne est sous le seuil de l'extrême pauvreté si elle gagne moins de deux dollars (2 $) par jour. Sur les deux tontines enquêtées, la première est une tontine fermée, la cagnotte est mensuelle (60 000 GNF/mois), pour un montant de 3 600 000 GNF, nous supposons qu'elles gagnent toutes moins de dollars par jour, elles ne font pas l'objet de notre analyse. Par contre, pour la tontine ouverte dont les montants varient entre 20 000 GNF et 1000 000 GNF par jour, cela nécessite une analyse approfondie et une recommandation de modèle de gestion.

1. En termes d'employabilité ;
2. De lever les fonds ;
3. De mobiliser les capitaux ;
4. De créer un réseau ;
5. D'incitation.

Si nous prenons toutes les variables en compte, surtout le nombre de personnes vivant sous le même toit, nous aurons un montant fixe par jour que nous pourrons mettre en œuvre pour un éventuel financement.

(Recette journalière - charge journalière) / divisé par le nombre vivant sous le même toit = (120 000 GNF - 60 000 GNF) / 3 = 20 000 GNF

Ici, on suppose que le groupement fédère une épargne tontinière pour un projet futur (illustration).

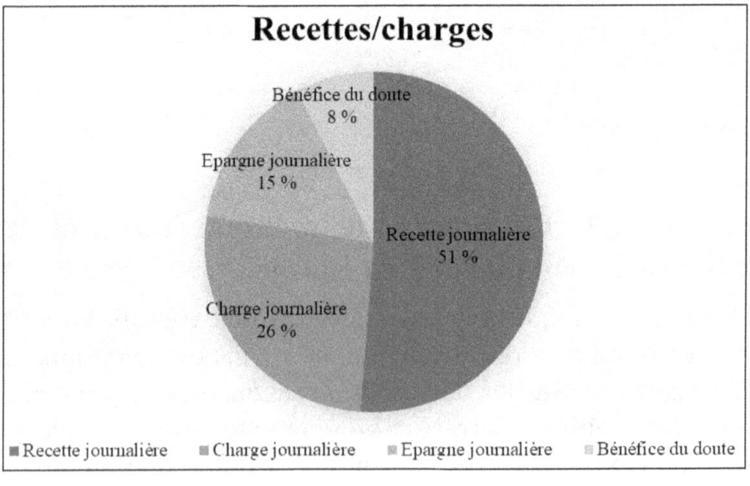

Source : l'auteur.

Le bénéfice du doute est le revenu journalier qui peut influencer positivement ou négativement sur l'épargne journalière, c'est-à-dire un montant gagné ou perdu qui empêche le tontinier de verser ou garder la monnaie.

SECTION 2. PROPOSITIONS ET RECOMMANDATIONS

La finance islamique et les tontines peuvent devenir aujourd'hui sous toutes leurs formes un facteur primordial et essentiel pour un développement économique, social, politique et territorial. Par ailleurs, toutes les recherches menées sur ces outils depuis l'Antiquité confirment que chaque pays ou nation ne peut réaliser un projet en tenant compte de ses spécificités et de ses particularités.

Section 2.1. Modélisation mathématique d'une collecte de tontine

Nous allons proposer un modèle de collecte de fonds de tontine en prenant en compte une épargne journalière solidaire pour un éventuel investissement. Soit une fonction affine ou linéaire (Y = ax + b). Nous nommons notre tontine « **Tontine de développement** ».

[Y=AX+B]

[Y=AX ; fonction affine]

[Y=1, 2, 3............30]

[A=Montant journalier, >=20.000 GNF]

[B=frais de gestion +Rémunération du gestionnaire ; B=Y_1 ; B=terme fixe]

[Supposons que X=250 ; X= nombres de tontiniers au plus]

[Y_1=250*20.000 GNF=5.000.000 GNF]

[Y_1=B=5.000.000 GNF]

[Y_1=Y_{30}=5.000.000 GNF]

[J_{anvier}=30*5.000.000 GNF=150.000.000 GNF]

(Nous avons pris en termes de référence une année comptable 360 jours)

[Y_{30}-Y_1=150.000.000.GNF-5.000.000 GNF] = [145.000.000 GNF]

[Y_1=B=5.000.000 GNF*12=60.000.000 GNF]

{$Y_{\text{Janvier ; Décembre}}$=150.000.000 GNF*12 - 60.000.000 GNF=1.740.000.000 GNF}

{L'épargne tontinière annuelle sera 1.740.000.000 GNF}

[Y_{1a}+Y_{2a}+Y_{3a}=1.740.000.000 GNF+1.740.000.000
++GNF+1.740.000.000GNF=5.220.000.000 GNF]

Pour une charge annuelle globale, nous aurons comme montant annuel 60 000 000 GNF. Sur un graphe, nous ne montrons pas ce montant, nous observons juste une épargne annuelle pour 250 adhérents (illustration).

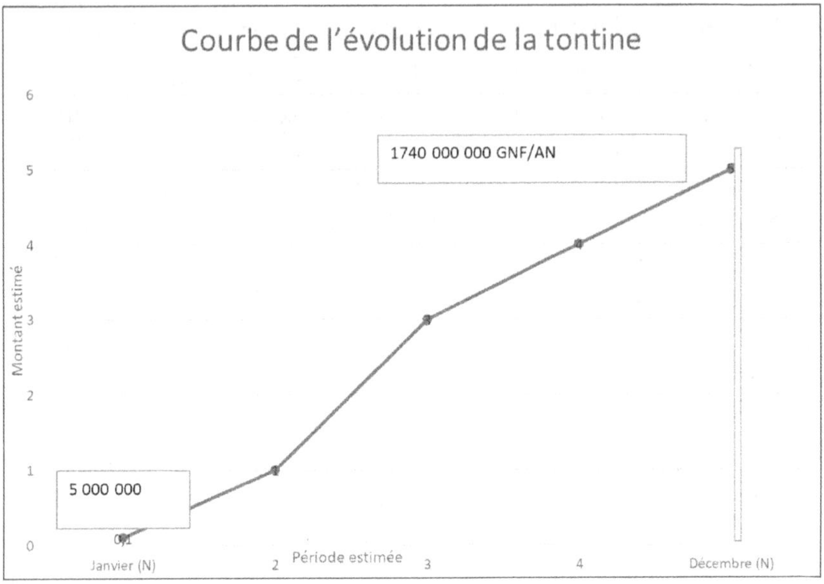

En première collecte, le montant sera de [1740 000 000 GNF], sur la base d'une hypothèse de ne pas investir l'argent collecté dans un quelconque projet. La « tontine de développement » peut mettre cet argent dans un compte d'épargne islamique.

Supposons que la même collecte continue pour la deuxième année successive, avec une hypothèse de 250 adhérents. La cagnotte journalière reste inchangée (20 000 GNF/jour). Nous aurons comme collecte pour la deuxième année une valeur monétaire de [3480 000 000 GNF]. L'idée de base est de mettre l'argent dans un compte épargne islamique sans un éventuel investissement.

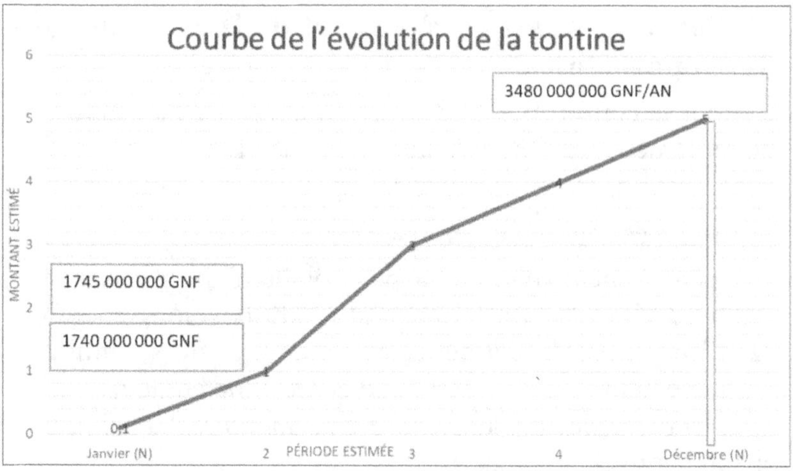

Si l'épargne continue de façon progressive avec la possibilité pour 250 adhérents sur une période de trois années successive, la « tontine de développement » aura comptabilisé une valeur monétaire de [5220 000 000 GNF]. À partir de la troisième année, toute décision d'investissement est possible en utilisant que les produits de la finance islamique.

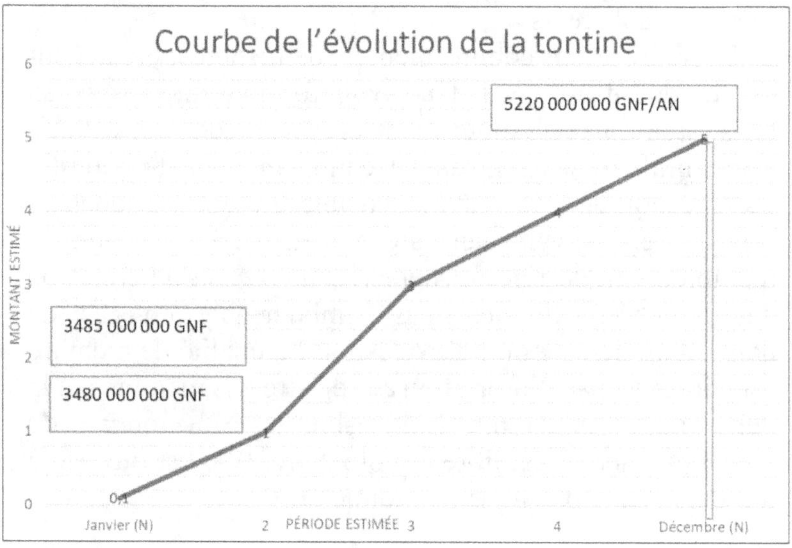

Section 2.2. Statut et règlement de la « tontine de développement »

Pour la conformité et la validité, on propose un statut et un règlement intérieur adaptés aux adhérents.

Statut et règlement intérieur

Ce règlement intérieur a pour objectif de préciser les statuts de l'association « La tontine du développement », dont l'objet est de permettre aux membres de s'entraider mutuellement sans distinction de genre et de couleur.

Il sera remis à l'ensemble des membres ainsi qu'à chaque nouvel adhérent.

Il est également consultable sur le site Internet de l'association (en projet).

Titre I. Membres

Article 1er – Composition

L'association « La tontine du développement » est composée d'un promoteur ou groupe de promoteurs et des membres adhérents.

Pour être admis comme membre de la tontine par le conseil d'administration, il faut avoir formulé une demande, souscrit et libéré au moins une part sociale de 20 000 GNF (vingt mille francs guinéens). Ce montant peut être modifié par décision de l'assemblée générale. Le droit d'adhésion est payé en un versement au moment de l'admission du membre. Il est destiné aux dépenses inhérentes à l'adhésion des membres. Il n'est pas remboursable en cas de démission, de décès ou d'exclusion. La qualité de membre est constatée par l'inscription au registre des membres et la délivrance d'un livret. L'adhésion à « La tontine du développement » est libre et volontaire. Elle est ouverte à toute personne physique ou morale.

Article 2 – Cotisation

Les membres adhérents doivent s'acquitter d'une cotisation journalière de 20 000 FG.

L'objectif est d'atteindre 250 personnes qui cotisent régulièrement.

Selon les modalités de participation, chacun est géré en fonction de sa cotisation et de la convention signée avec lui.

Nous avons deux situations :

- Première situation : les restitutions qui se font mensuellement en donnant un jour de cotisation au promoteur.
- Deuxième situation : où les membres deviennent des actionnaires, ils s'attendent à des dividendes à la fin d'un exercice éventuel ; dans ce cas, la tontine accorde des crédits et effectue des investissements divers et variés.

Le versement de la cotisation doit être établi par transfert électronique (Orange Money ou Mobil Money) ou par cache avec le collecteur/promoteur.

Article 3 – Admission de nouveaux membres

L'association « La tontine du développement » peut à tout moment accueillir de nouveaux membres. Ceux-ci devront respecter la procédure d'admission suivante : - signer le formulaire d'adhésion tout en s'engageant à respecter le statut et le règlement intérieur de la structure.

Article 4 – Exclusion

L'exclusion est possible dans le cas où l'adhérant ne respecte pas le contenu du règlement intérieur de la tontine, en ne s'acquittant pas de ses cotisations à temps. Toutefois, s'il paye ses crédits, il pourra réintégrer la tontine avec un dernier avertissement.

Article 5 – Démission, décès, disparition

Le membre démissionnaire devra adresser sous lettre simple ou recommandée avec accusé de réception ou par courrier électronique [éventuellement] sa décision au promoteur de « La tontine du développement ».

Le membre démissionnaire est remboursé des trois quarts de ses cotisations.

En cas de décès, il est remboursé en totalité de ses cotisations et sa qualité de membre s'efface automatiquement.

Formulaire d'adhésion à « La tontine du développement »

Pour adhérer à la tontine,
remplir et retourner le bulletin ci-dessous.

Nom: .... Prénom ....
Adresse ....
Téléphone ....E-mail ....

Certifie être membre actif de l'amicale « La tontine du développement » et être à jour de mes cotisations de façon consécutive.

Je reconnais avoir pris connaissance du règlement intérieur de « La tontine de développement ».

Je m'engage sur l'honneur à en accepter le principe et le règlement dès l'appel du bureau de l'amicale.

Fait à .... le .... Signature..................

Pièces à fournir : photocopie de la pièce d'identité, deux photos d'identité, certificat de résidence.

Le fonctionnement et la gestion de « La tontine du développement »

Une application de la gestion est proposée pour le bon déroulement de cette tontine. Cette application est téléchargeable sur la version Android, elle contient :

- une base des données de clients ;
- un message d'alerte ;
- un système d'information automatisée ;
- une proposition de projets à financer ;
- une salle Zoom ;
- un *business plan* et modèle intégré (annexe 2 : facture du cabinet CEDIG et le cahier des charges).

SECTION 3. RECOMMANDATIONS

Afin de mieux se servir des produits de la finance islamique, nous proposons d'appliquer trois méthodes qui ont déjà été proposées par nos camarades du master lors des dernières soutenances.

1. « SUKUKS » : une fois que les fonds sont recollectés, nous pourrons investir dans une société de « SPV », ce modèle est proposé par SOW Amadou Bori sur le financement des infrastructures scolaires, en transformant nos fonds récoltés sous forme de « SUKUKS », ou financés par le « SPV » en créant nous-mêmes notre infrastructure scolaire (illustration)[19].

[19] SOW Amadou Bori, mémoire de Master 2, Université Al-Eamar, p. 48, 2022.

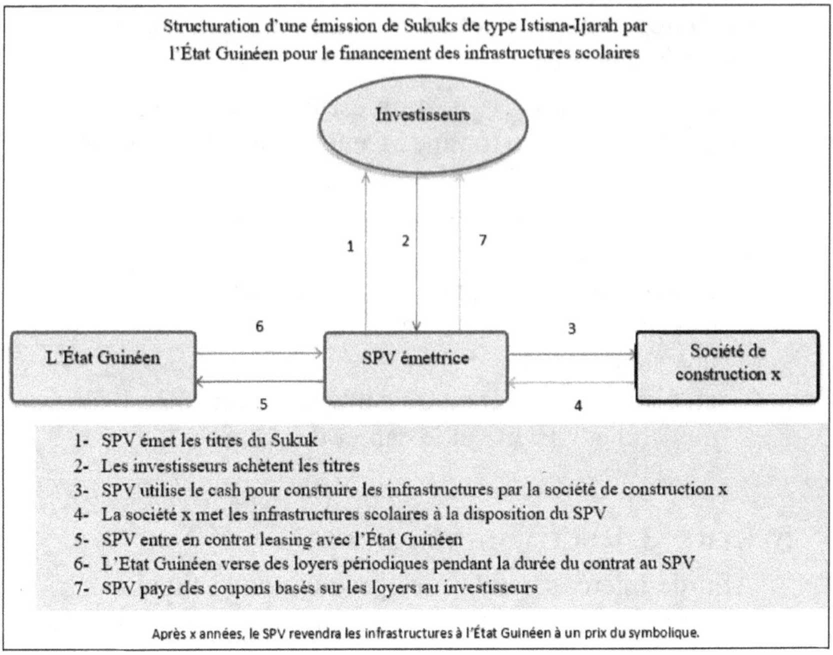

2. « IMFI » : les fonds récoltés par « La tontine de développement » peuvent être investis dans une institution de microfinance islamique, soit en créant l'institution nous-mêmes, ou en devenant un actionnaire potentiel (illustration)[20].

[20] DIALLO Ibrahima Sory Dalein, mémoire de Master 2, Université al-Eamar de Guinée, p. 70, 2022.

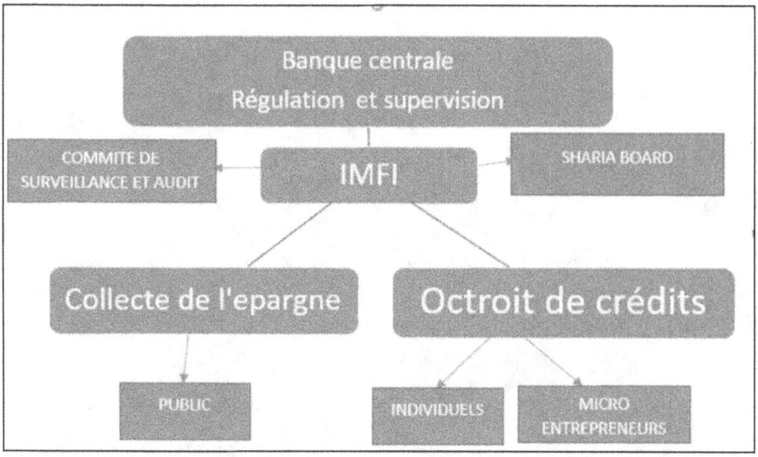

La mobilisation des ressources dans « La tontine de développement » sera l'une des activités, mais comment se fera-t-elle avec l'application ?

Le réseau de parrainage est nécessaire et sera une solution adéquate pour impliquer parents, amis, collègues de travail et de promotion, etc.

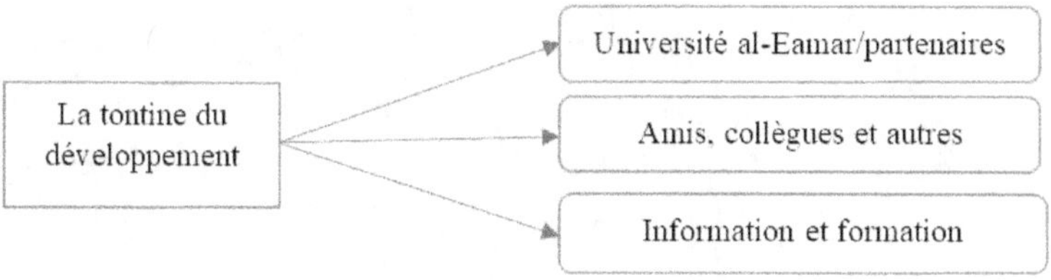

Comme le disait notre prophète Mohammed (PLS), « Vous devenez puissants quand vous vous entraidez les uns les autres », la réalisation de ce petit projet sera notre volonté commune, et sa réussite dépendra de l'engagement de tout un chacun.

CONCLUSION GÉNÉRALE

Quelle contribution de la finance islamique et des tontines en Guinée ?

Une contribution certaine, même si les défis à relever sont énormes. Avec 1,9 milliards de musulmans dans le monde et 92 % de musulmans en Guinée, nous devons faire de la finance islamique un outil de lutte contre la pauvreté et un élément de réconciliation économique et social.

Quant à la tontine, du point de vue de la confiance, de la rentabilité et de l'entraide sociale, elle se rapproche de la finance islamique. L'épargne tontinière peut être à l'œuvre dans le financement de tous les produits islamiques.

La complémentarité entre ces deux systèmes semble être une opportunité pour les pays en développement et devra faire l'objet de l'information et de la formation. Nos leaders doivent s'inspirer de ce modèle pour dynamiser notre économie et nos territoires. Le couplage tontine-finance islamique est un facteur primordial pour lutter contre la distorsion économique et naturelle et peut s'appliquer du niveau local au niveau national.

Notre enquête nous a révélé que la plupart des femmes qui n'arrivent pas à trouver des prêts bancaires dans le système conventionnel, avec un maigre revenu, se solidarisent mutuellement pour pouvoir financer leurs activités. L'enquête aussi a démontré que les femmes connaissent très peu la finance islamique, c'est pourquoi elles n'orientent pas leur financement vers les produits bancaires islamiques.

Le couple confiance-rentabilité et le couple social-proximité sont une aubaine pour les personnes qui n'ont aucune garantie bancaire classique. Pour une personne qui gagne moins de deux dollars par jour, à part le lien social et la confiance, aucune autre possibilité n'est permise, et pourtant ces pauvres exclus sont généralement de vrais entrepreneurs, en plus dotés de compétences et de talents cachés.

Au Sénégal, une tontine à vocation islamique a déjà vu le jour, c'est une tontine touristique que les femmes sénégalaises ont mise en place pour effectuer le pèlerinage à la Mecque, elle s'appelle « tontine Fissabilillah », créée par Hajja Ndior 1994. Des idées comme celle-ci pourront être un avantage pour la société africaine, afin de permettre le financement des petites et moyennes entreprises.

L'idée de la Grameen Bank au Bangladesh par le Professeur Mouhammad Younus, prix Nobel de la paix en 2005, est similaire à celle des tontines touristiques au Sénégal, mais c'est l'orientation qui diffère.

La collecte des fonds pour l'épargne tontinière et financière par le système islamique dont on partage le profit et le risque met tout le monde dans un projet collectif.

Enfin, d'autres pistes et mesures pourront faire l'objet d'une autre étude. Ces mesures complémentaires viendront approfondir celles qui ne l'ont pas été.

BIBLIOGRAPHIE

Articles, revues et ouvrages

Adams, D.W. & Fitchett, D.A. (1994), « Finance informelle dans les pays en développement », Presses universitaires de Lyon.

Adera, A. (1995), « Instituing effective kinkages between the formal and the informal financial sectors in africa : à proposal », *Savings & Développement*, n°1, 1995, pp. 5-21.

Ardener, S. (1964), « The comparative study of rotating crédit associations », *Journal of the Royal Anthropological Institute*, vol. 94, n°2.

Anfel Boudjelal, « Repenser le contrôle chariatique des opérations bancaires et financières islamiques », Université de Strasbourg, *Cahiers de la finance islamique*, n°7/2014.

Association Professionnelle des Sociétés de Financement, « Monographie du crédit-bail », juin 2006.

Auditing and Accounting Organization of Islamic Financial Institutions, Accounting Standards, 2007.

Auditing and Accounting Organization of Islamic Financial Institutions, Shariah Standards, 2014.

Avis n°6 du Comité chariatique de la finance participative émis le 20 juillet 2017 relatif aux conditions générales et particulières du modèle du contrat Mourabaha au donneur d'ordre d'achat pour l'acquisition d'un bien immobilier.

Amattya Sen (prix Nobel d'économie), *Éthique et économie*, 1998.

Lambert, A. & Condé, K. (2002), « Le secteur endogène va-t-il disparaître ? Tontine, "usurier" et crédit rural de Guinée », *Revue Tiers Monde*, vol. 43, n°172.

Bascom, W. (1952), « The Esusu: à crédit institution of the Yoruba », *Journal of the Royal Anthropological Institute*, vol. 82.

Bekolo-Ebe, B. (1987), « Le systèmes des tontines : liquidité, intermédiation et comportement d'épargne », *Revue d'économie politique*, n°4, pp. 616-638.

Bekolo-Ebe, B. (1991), « Enquête sur les tontines dans les provinces du centre, du littoral, de l'ouest et du nord-ouest », *Notes de recherche* n°91-22, UREF/AUPELF.

Bouman, F.J.A. (1995), « Rosca: on the origin of the species », *Savings & Développement*, n°2.

Alpha Amadou Diallo 2012, « La micro finance en Guinée : articulation entre finance formelle et finance informelle et lutte contre la pauvreté au Fouta Djalon ».

Traduction française des normes de conformité AAOIFI, Paris EUROPLACE, Editions ESKA, vol. 1.

Germidis, D., Kessler, D. & Meghir, R. (1991), « Systèmes financiers et développement : quel rôle pour les secteurs financiers formel et informel ? », Centre de Développement de l'OCDE, OCDE, Paris.

Henry, A., Tchente, G.H. & Guillerme, P. (1990), « La société des amis : étude des tontines à enchères du Cameroun », *Notes et études*, n°34, Caisse centrale de coopération économique, Centre d'études financières, économiques et bancaires, Université de Rennes 1.

Hugon, Ph. (1990), « L'impact des politiques d'ajustement sur les circuits financiers informels africains », *Revue Tiers Monde*, tome XXXI, n°122.

Issoufou, S. (1990), « Le phénomène tontinier au Burkina Faso », *Notes de recherche* n°90-12, UREF/AUPELF.

Lelart, M. (1989), « L'épargne informelle en Afrique : les tontines béninoises », *Revue Tiers Monde*, pp. 271-298.

Gentil, D. & Servet, J.-M. (2002), « Microfinance : petites sommes, grands effets ? », *Revue Tiers Monde*, vol. 172.

Lelart, M. (1990), (sous la direction de), « La tontine, pratique informelle d'épargne et de crédit dans les pays en voie de développement », UREF, Collection Sciences en Marche, John Libbey Eurotext.

Lelart, M. (1990), « Les circuits parallèles de financement : état de la question ».

M'Rabet, R. (1990), « L'entrepreneuriat en Afrique Francophone : culture, financement et développement », Paris, John Lybbey, pp. 45-63.

Lelart, M. (1991), « Les tontines et le financement de l'entreprise informelle », *Notes de recherche* n°91-18, UREF/AUPELF.

Lelart, M. (1991), « Les informalités financières : le phénomène tontinier », in J.-L. Lespes, *Les pratiques juridiques, économiques et sociales informelles*, PUF, pp. 249-267.

Lelart, M. (1995), « Tontines africaines et tontines asiatiques », *Afrique contemporaine*, dossier spécial Afrique-Asie, n°176, octobre-décembre.

Lespes, J.L. (1990), « Les informalités tontinières : traditions et innovations », in Lelart, M., *op. cit.*, pp. 323-346.

Mayoukou C., Dirat J.R., Tsika J., Makaya A., (1993), « Mobilisation et allocation des ressources par les tontines mutuelles et commerciales au Congo : résultats d'une enquête dans les grandes marches de Brazzaville », *Notes de recherche* n°93-31, UREF/AUPELF.

Mayoukou, C. (1994), « Le système des tontines en Afrique : un système bancaire informel », L'Harmattan.

Boyé, S., Hajdenberg, J. & Poursat, C. (2006), Le guide de la microfinance, microcrédit et épargne pour le développement, Eyrolles.

Rapports et mémoires

BAH MAMADOU MADANY, mémoire de master 1, « L'impact des nouvelles technologies de l'information et de la communication dans la finance solidaire », p. 45, septembre 2011, Université Toulouse 2.

MAHFOUD Mohamed, mémoire « Analyse du cadre réglementaire des produits », 2017, p. 22.

Rapport « Social Issues in Fisheries » (1998, page 7).

Rapport « Fonds de cautionnement », M. J. THIAM, PNUD Guinée, 2005.

Fofana Mohamed, « Finance islamique : enjeux et perspective en Guinée 2016 ».

Rapport de fin de stage, Kallo Mohamoudou SAAR, « Takaful Guinée », Université Al-Eamar de Guinée.

SOW AMADOU BORI, mémoire du master 2, « Le rôle de la finance islamique dans le système éducatif Guinéen », 19/02/ 2022, Université al-Eamar de Guinée.

IBRAHIMA SORY DALEIN DIALLO, mémoire de master 2, « La micro finance islamique, un outil de lutte contre la pauvreté et un élément d'inclusion », 29/01/2022, Université al-Eamar de Guinée.

Webographie

https://financededemain.com/histoire-et-evolution-de-la-finance-islamique/

https://www.lafinancepourtous.com/

https://argentaire.com/

www.tresor.economie.gouv.fr

https://www.gdrc.org/icm/french/matthieu/section-2.html

https://www.youtube.com/watch?v=_qso6oi2ECQ

https://www.carefrance.org/actualite/communique-presse-news/2015-01-16,haiti-developpement-economique-micro-epargne.htm

https://www.artshebdomedias.com/article/300316-dossier-art-son-les-esthetiques-de-ecoute/

https://www.fao.org/3/Y1290F/y1290f05.htm#TopOfPage

ANNEXES

ANNEXE 1. QUESTIONNAIRES ET RÉPONSES

Le questionnaire sur les tontines :

❖ **Information générale :**

Nom : Emolac (groupe) (6 membres)

Date de mise en place : 18/02/2020

Nombre d'adhérents : ~~170 (Tontines [illegible])~~ 6 personnes

Le lien entre les adhérents :

- Loisir X (Oui)
- Parental X (parent voisin) (Oui)
- Amical X (Oui)
- Professionnel X (Oui)

Statut juridique (statut et règlement intérieur) :

Le lieu : Senfania (actuellement en cours)

❖ **Sur l'activité :**

Les activités financées :

- Agriculture (Oui)
- Elevage (Oui)
- Pêche (Oui)
- Artisanat (Oui)
- Commerce (Oui)
- Formation (Oui)

La durée du prêt tournant

Le montant de la mise 500.000 GNF (date butoire)

Le lien de proximité géographique (voisin, ami professionnel)

Le lien commun des adhérents adhérer la tontine)

Le questionnaire sur les tontines :

❖ **Information générale :**

Nom : Tontine _ aimer

Date de mise en place : 10/05/2018

Nombre d'adhérents : 50

Le lien entre les adhérents :

- Loisir
- X Parental
- Amical
- X Professionnel

Statut juridique (statut et règlement intérieur) : le respect de la carte

Le lieu : Kinsoso

❖ **Sur l'activité :**

Les activités financées :

- X Agriculture
- Elevage
- Pêche
- Artisanat
- X Commerce
- X Formation

t

La durée du prêt dépend de la carte

Le montant de la mise chaque carte délivrée le montant

Le lien de proximité géographique le responsable est proche

Le lien commun des adhérents est le versement de la tontine

Le questionnaire sur les tontines :

❖ Information générale :

Nom : Ibrahima Sory tontine

Date de mise en place : le 10|05|2018|

Nombre d'adhérents : 35

Le lien entre les adhérents : hafia 1 le plus souvent et profession

- Loisir
- Parental
- ✗ Amical
- ✗ Professionnel

Statut juridique (statut et règlement intérieur) :

Le lieu : Hafia 1 mouvement au marché (Kenien, madi

❖ Sur l'activité :

Les activités financées :

- Agriculture
- Elevage
- Pêche
- Artisanat
- ✗ Commerce
- Formation

La durée du prêt 1 mois d'après la carte

Le montant de la mise Chaque carte délivrée le montant fixé

Le lien de proximité géographique le responsable de la tontine

Le lien commun des adhérents est le versement de la tontine.

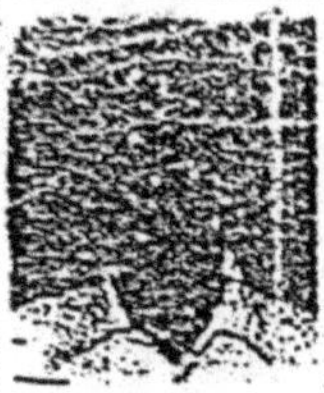

SERVICE TONTINE CAMARA ETFRERE

NOM :...

PRENOM :..

POUR LE MOIS :...

e fondateur : Mohamed Lamine. Tel : 664 34 12 12

N°	1	2	3	4	5	6	7	8
aux	9	10	11	12	13	14	15	16
Montant	17	18	19	20	21	22	23	24
	25	26	27	28	29	30	31	

Le questionnaire sur les tontines :

❖ Information générale :

Nom : Fatoumata cisso tontine

Date de mise en place : Janvier 2019

Nombre d'adhérents : 60

Le lien entre les adhérents :

- Loisir
- Parental
- X Amical
- Professionnel

Statut juridique (statut et règlement intérieur) : le respect de la carte

Le lieu : Yimbayah Tannerie

❖ Sur l'activité :

Les activités financées :

- Agriculture
- Elevage
- Pêche
- Artisanat
- X Commerce
- Formation

La durée du prêt . dépend de la carte puis par le membre

Le montant de la mise , Chaque carte délivrée montre la mise

Le lien de proximité géographique Ce sont des proches

Le lien commun des adhérents le versement de la tontine

Le questionnaire sur les tontines :

❖ Information générale :

Nom : Camara Ibrahim

Date de mise en place : Mars 2021

Nombre d'adhérents : 50 à 60

Le lien entre les adhérents :

- Loisir
- X Parental
- Amical
- Professionnel

Statut juridique (statut et règlement intérieur) : pas d'agrément

Le lieu : Matoto (Bonagui)

❖ Sur l'activité :

Les activités financées :

- Agriculture
- Elevage
- Pêche
- Artisanat
- X Commerce
- Formation

La durée du prêt : le prêt dépend du créancier

Le montant de la mise

Le lien de proximité géographique : les gens du quartier

Le lien commun des adhérents : Dans la même commune

Le questionnaire sur les tontines :

❖ Information générale : + Credit

Nom : Camara et frère fondateur

Date de mise en place : 21/09/2010

Nombre d'adhérents : ~~170~~ 340

Le lien entre les adhérents :

- Loisir (oui)
- Parental (oui)
- Amical (oui)
- Professionnel (oui)

Statut juridique (statut et règlement intérieur) : //

Le lieu : Coopérative

❖ Sur l'activité :

Les activités financées :

- Agriculture (oui)
- Elevage (oui)
- Pêche (oui)
- Artisanat (oui)
- Commerce (oui)
- Formation (oui) → avances d'argent (800.000) → octroie des prêts scolarité des enfants

La durée du prêt → montant de collecte (client)

Le montant de la mise Depend du client (5000 GNF)

Le lien de proximité géographique autour de 5 à 3 Km

Le lien commun des adhérents adherent / en finance

Construire une maison (collecte)

preparation baptême / Mariage

Ouvrier → remboursement

ANNEXE 2. FACTURE ET CAHIER DES CHARGES

Cahier des charges pour la création d'une application de « La tontine du développement »

Pour faire un cahier des charges pour une application mobile, quatre étapes sont nécessaires :

1. Présenter le projet dans son ensemble ;
2. Décrire la charte graphique ;
3. Intégrer les spécificités techniques et fonctionnelles de l'application ;
4. Indiquer les prestations attendues et les délais.

Détail :

1. Présenter le projet dans son ensemble : ce projet consiste à créer une application mobile dénommée « La tontine du développement », à travers laquelle les utilisateurs peuvent se servir dans un temps record. De telle sorte que les acteurs n'ont pas besoin de faire des déplacements.

Dans ce projet, nous ciblons un effectif de deux cent cinquante personnes au minimum.

- Nom de l'entreprise ;
- Nom du projet ;
- Personne à contacter dans l'entreprise ;
- Adresse ;
- Téléphone ;
- E-mail ;
- La date de création ;
- L'activité principale ;
- Les services ou produits vendus ;
- Le nombre de participants ou numérotation ;
- Le chiffre d'affaires ;
- Les principaux axes de développement.

2. Décrire la charte graphique : l'expression « charte graphique » correspond à l'ensemble des éléments qui définissent l'identité visuelle d'une marque, d'une organi-

sation ou d'une entreprise. C'est un document qui rassemble toutes les règles à suivre par les différents intervenants, qui parlent au nom de la structure représentée.

- Précisez vos exigences concernant les couleurs et les effets de votre application.
- Quelles sont les polices à utiliser ?
- Quels sont les éléments à conserver ?

3. Intégrer les spécificités techniques et fonctionnelles de l'application :

Les spécificités techniques et fonctionnelles sont :

- Une base de données des adhérents ;
- Paiement possible par Orange Money, Mobile Money et par cache ;
- La sécurité des données des membres.

4. Indiquer les prestations attendues et les délais :

- Totalisation de tous les montants reçus à travers les adhérents chaque jour à 23 heures ;
- Réception d'un message de confirmation ;
- Réception d'un message d'alerte pour les retardataires.

TABLE DES MATIÈRES

Structures éditoriales du groupe L'Harmattan

L'Harmattan Italie
Via degli Artisti, 15
10124 Torino
harmattan.italia@gmail.com

L'Harmattan Hongrie
Kossuth l. u. 14-16.
1053 Budapest
harmattan@harmattan.hu

L'Harmattan Sénégal
10 VDN SICAP AMITIE 3
BP 45034 Dakar-Fann
direction@senharmattan.com

L'Harmattan Cameroun
Tsinga/Derrière polyclinique FECAFOOT
BP 11486 Yaoundé
Jacques.koukam@harmattan.fr

L'Harmattan Burkina Faso
Villa 281, secteur 23 623, rue 14.32
Ouagadougou
zagbie@outlook.fr

L'Harmattan Guinée
Almamya, rue KA 028 OKB Agency
BP 3470 Conakry
harmattanguinee@yahoo.fr

L'Harmattan RDC
185, avenue Nyangwe
Commune de Lingwala – Kinshasa
matangilamusadila@yahoo.fr

L'Harmattan Congo
219, avenue Nelson Mandela
BP 2874 Brazzaville
deunovmikhael@gmail.com

L'Harmattan Mali
Immeuble Mgr Jean Marie Cissé
Aci Hamadallaye
BP 145 Bamako
syllaka@yahoo.fr

L'Harmattan Togo
Djidjole – Maison Amela
face EPP BATOME
02 BP 20680 Lomé
didieramela11@gmail.com

L'Harmattan Côte d'Ivoire
Résidence Karl – Cité des Arts
Abidjan-Cocody
03 BP 1588 Abidjan
harmattan.ivoire@gmail.com

L'Harmattan Bénin
Rue 604, (Immeuble à l'entrée
de la rue UCAO- Cite de Saint-Jean)
Cotonou
stepcorpus@gmail.com

Nos librairies en France

Librairie internationale
16, rue des Écoles
75005 Paris
librairie.internationale@harmattan.fr
01 40 46 79 11
www.librairieharmattan.com

Librairie des savoirs
21, rue des Écoles
75005 Paris
librairie.sh@harmattan.fr
01 46 34 13 71
www.librairieharmattansh.com

www.ingramcontent.com/pod-product-compliance
Lightning Source LLC
LaVergne TN
LVHW051407061026
849535LV00009B/3400
* 9 7 8 2 3 3 6 6 1 1 2 4 2 *